子どもと本の50年

親子読書地域文庫全国連絡会　50周年記念誌

子どもと本の50年　**目次**

◆発刊にあたって　　　　　　　　　　　　　　　　　　　　原　良子

第1部

親地連50年をふりかえって　　　　　　　　　　　　　　広瀬恒子 …… 1
子どもたちと絵本を読むということ　　　　　　　　　　正置友子 …… 6
平和への願いを届けてきた50年　　　　　　　　　　　繁内理恵 …… 12
科学読物の最近50年のあゆみ　　　　　　　　　　　　赤藤由美子 …… 17
子ども期の《ゆらぎと再生》の時代　　　　　　　　　　増山　均 …… 24
　　コラム　ゆたかな飛躍を　　　　　　　　　　　　　あまんきみこ …… 29
子どもとともに50年、本とともに50年　　　　　　　朴　鐘振 …… 30

第2部

全国のなかまからのメッセージ

・書き手、読み手、渡し手があつまり持ち寄り分け合う　北海道子どもの本連絡会　　沼田陽子 …… 32
・図書館できた！　　　　　　　　朗読サークルふくろうの会　　二階堂美恵 …… 33
・世界には平和を、仙台にはもっと図書館を　仙台市・のぞみ文庫　　川端英子 …… 35
・図書館づくりに始まった私たちの会　とりで・子どもの本の会　　柴谷不二子 …… 36
・居場所を作った私たち　　　　　　　内野なかよし文庫　　赤松　薫 …… 37
・50年をふりかえって今思うこと　ねりま地域文庫読書サークル連絡会　　田倉京子 …… 38
・すべての子どもに読書の喜びと豊かな読書環境を！　世田谷子どもの本を読む会　　松下道子 …… 40
・親地連と歩んできた、山梨の子ども読書活動　NPO法人山梨子ども図書館　　浅川玲子 …… 41
・「じゃりんこ文庫」の子どもたち　　　　じゃりんこ文庫　　乾　京子 …… 42
・46年目の京庫連に思う　　京都家庭文庫地域文庫連絡会　　後藤由美子 …… 43
・大子連のあゆみとこれから　　　大阪府子ども文庫連絡会　　森本典子 …… 45
・『ちいさいおうち』から半世紀　　生駒市子どもの本連絡会　　平井冨久子 …… 46
・私たちの文庫連　　　　　　香川県子ども文庫連絡会　　庄野昭子 …… 47
・はかた文庫（小学校地域開放図書館）のあゆみ　はかた文庫　　中島芳子 …… 48
・鬼ヶ島文庫から　　　　　　　　　　　鬼ヶ島文庫　　千竃八重子 …… 49
・子どもに本のかけ橋を　沖縄地域児童文庫連絡協議会 菜の花文庫　　山川喜美子 …… 51
　　コラム　あさのあつこさんからのメッセージ　　　あさのあつこ …… 52

- ●親地連とわたし
  - 井戸を掘った人を忘れるな　　　　　　　　　　　関日奈子 …… 53
  - 親子読書と再び出会って　　　　　　　　　　　　廣吉和子 …… 53
  - 全国のなかまと　　　　　　　　　　　　　　　　土屋洸子 …… 54
  - 継続は力なり　　　　　　　　　　　　　　　　　辻　和子 …… 55
  - 百周年をめざして　　　　　　　　　　　　　　　岸川和子 …… 56
  - 次の世代を励ます50周年記念誌　　　　　　　　　近藤幸子 …… 56
  - 50年会員です　　　　　　　　　　　　　　　　　新井竹子 …… 57

- ●表紙絵　画家から
  - 本との出会いは明日への希望　　　　　　　　　　渡辺和子 …… 58
  - 感謝を込めて　　　　　　　　　　　　　　　　　長谷川知子 …… 58
  - 頼もしい方たち、オヤチレン！　　　　　　　　　浜田桂子 …… 59
  - 祝・親地連 50th　　　　　　　　　　　　　　　　佐藤真紀子 …… 60

第3部　《資料編》

全国交流集会基調報告
- 第19回　2013年 …… 61
- 第20回　2015年 …… 66
- 第21回　2017年 …… 71

- ◇アピール・要望等（2012年〜2019年） …… 78
- ◇親子読書地域文庫全国交流集会一覧 …… 82
- ◇『子どもと読書』特集一覧　2000年〜2019年 …… 83
- ◇親地連出版物リスト …… 87
- ◇親地連規約 …… 88
- ◇親地連世話人名簿 …… 89
- ◆年表　親地連50年のあゆみ …… 92

編集後記

発刊にあたって

　1970年4月、親子読書地域文庫全国連絡会は「すべての子どもに読書の喜びを」届けるために全国各地で活動する親子読書会、地域文庫の全国組織の連絡会として誕生しました。地域における子どもの読書環境は千差万別ですが、すべての子どもたちへ読書の楽しさを伝え、より良い読書環境を作るために活動して参りました。

　各地でそれぞれの活動を行いながら、地域に図書館がなければ、建設を求め、すべての子どもが学校図書館で豊かな学びができるように学校図書館司書の配置を求め、それらを実現するために、仲間と共に、行政に働きかけてきました。

　今、親地連には、現在もバトンをつなぎながら様々な取り組みをしている文庫、連絡会がある一方で、後継者がなく文庫を閉じるおしらせも届きます。あれほど元気に活動していた親子読書会も少なくなりました。けれど、学校、図書館など、子どもたちのところへ本を届ける読み聞かせボランティアとして活動しておられる会員の方々もたくさんおられます。機関誌『子どもと読書』、全国交流集会、子どもの本に関するセミナーなどで子どもの本の状況を学びあい、情報を共有して参りました。各地で、地道にコツコツと活動を続けて来られた方々に支えられ、今の親地連があります。

　この50年、子どもたちを取り巻く環境は大きく変わってきました。少子化に関わらず、7人に1人の子どもが貧困に苦しみ、障害を持つ子どもたち、児童虐待で苦しむ子どもたち、外国籍の子どもたちなど様々な困難を抱えた子どもたちが増えています。そのような中で、子どもの本が果たす役割は何なのか、親地連は何ができるのか、何を求められているのか、様々な実践を学ぶ中でその答えを求めていきます。

　今年は、終戦から74年目を迎えました。東日本大震災、福島原発事故を体験した私たちは「平和あってこその子ども本」という思いを一層強くしています。子どもたちに平和な未来を手渡していくことは、私たち大人の責務です。子どもの権利条約を実現するためにも、ネットワークを拡げ、様々な方々とつながりながら子どもたちの平和な未来を創っていきたいと思います。

　50周年を迎えるにあたって、15周年、20周年、30周年、40周年記念誌に続き、50周年記念誌を発刊致します。

　親地連のこれまでの50年を振り返ると共に、子どもの本の50年、子どもの環境の変化50年を振り返り、検証し、これからの親地連の進む道を探っていきたいと思います。

　最後になりましたが、お忙しい中、記念誌に原稿、メッセージをお寄せ頂いた皆さまに心より感謝申し上げます。今まで親地連を支えて下さったすべての皆さま、ありがとうございます。

　これからも、よりよい読書環境づくり、子どもたちの平和な未来を創るため、共に力を合わせて進んで参りましょう。

2019年9月

親子読書地域文庫全国連絡会
代表　原　良子

第1部

親地連（おやちれん）50年をふりかえって

広瀬恒子（親子読書地域文庫全国連絡会）

はじめに

　私たちの会、親子読書地域文庫全国連絡会は1970年に発足してから50年の年月を迎えた。

　これまで、会にかかわってきて「泣かされた」のは、この会名である。「親子」が先か「地域」が上だったか？会の司会者泣かせで、ひと息に正確に言える人は少なくて、大抵は「オヤチレン」の略称で活動し、子どもの読書関係の仲間たちの間ではそれで通じるようにもなってきていた。

　この会の会名については、映画監督の山田洋次氏に「どうして男性の会なのに、女の人たちでやってるの？」と聞かれたことがある。ある時期、監督夫人、山田よし恵さんが世話人をしていた時があり、彼女が「おやちれん、おやちれん」というのが山田氏には「親爺連」と聞こえていたのである。

　その「おやちれん」が50年たった。会が目指したこと、それは、「すべての子どもに読書のよろこびを」である。そのために、それを保障する環境をつくることであった。なぜ、「本」という極めて個人的な営みを、一人ひとりどの子どもも手にして読めるような条件づくりを目指したのであろう。その背景には『ちいさいおうち』『おしゃべりなたまごやき』『おおきなかぶ』『スーホの白い馬』など、内外のすぐれた絵本や『だれも知らないちいさな国』『赤毛のポチ』『龍の子太郎』『宿題ひきうけ株式会社』など日本の創作児童文学が花開き、大人にも子どもの本のおもしろさをアピールする力があったことにもよる。

　もう一つの子どもの本にかかわる動きとしては、石井桃子が1958年にかつら文庫を開き、その実践を『子どもの図書館』（岩波新書1965年）に紹介し、これに共感した人が子ども文庫をつくるケースもあった。

　また、作家であると同時に鹿児島県立図書館長であった椋鳩十が1960年「母と子の20分間読書」を提唱、静岡では、「茶の間ひととき読書」を清水達也が普及するなど50年代から60年代へかけて、子どもと本を結ぶ活動が生まれはじめていた。

　60年代から70年代へかけて全国的にこう

した子どもが身近に本を楽しめる環境を、どの子どもにも保障したいという願いのもと文庫、親子読書会は数を増し、1970年に親地連が発足したのだが、当時の記録に「文庫が燎原の火のように」数を増したということばがあった。また「文庫は100あれば、100の顔をもつ」と言われたように、文庫を運営する人の全く自由な活動内容であったが、本を貸し出すだけでなく、おはなしや読み聞かせ、季節の行事やおたのしみ会、手づくりあそびなど、「本のあるあそび場」となっている文庫も多かった。

会が発足して、まず必要な具体的活動は会員への情報提供として機関紙づくりであった。当初は「親地連ニュース」として、ペラっとした4ページから6ページくらいの会報であったが、岩崎書店が版元として協力し、雑誌形態の『親子読書』となったのが1971年8月号からだった。この誌面では、会の情報だけではなく、児童文学作家の「自作を語る」というような子どもの本に関わる内容も加わり多面的な内容に変わっていった。

70年代後半の動きとして、文庫の可能性と共にやはり文庫の限界もあった。文庫にかかわる人たちの中からも「文庫だけでは限りがあり、子どもの足で歩いていける所に図書館を建ててほしい」という要望も出始めた。

当時、公立図書館は、全国で1200館にすぎなかった（現在は3300館）。図書館づくりの働きかけも活発になり、70年代は子ど

もの読書運動の高揚期でもあった。

1980年代

80年代に入ると、図書館数も増え、子どもにとって"本のある場"は増えてきたのに比し皮肉なことに子どもの文庫利用は減少化してきた。特に小学校高学年の子どもの利用は減り幼児が中心になっていく。この減少化は東京、大阪といった大都市から始まり、しだいに全国的に共通する現象となっていった。

こうした状況の中で、文庫などに関わってきた人たちは「子どもが来るのを待つ」のではなく、「子どものいる場」へ本をもって出かけていく出前型の活動がはじまる。

まず、地域の学校へ「空き時間に絵本の読み聞かせやおはなし会をさせてほしい」というねがいを届け、当初は門前払いなどにあった所もあったが、文科省の「地域に開かれた学校づくり」といった掛け声もあったせいか、次第に一般化し、活動場所として学校における「朝の読書（あさどく）」の定着とともに広がっていく。学校だけではなく、図書館、公民館、児童館、数は少なかったが病院、お寺、養護学校など子どものいる場へ多様な出前実践が増えていった。

私たちの活動が「親子」の読書だけでなく、「すべての子ども」を目指すものならば、「子ども」とした方が会の活動をストレートに表しているのではないかいうことで、機関紙『親子読書』が『子どもと読書』になったのは、1983年4月号からであった。

80年代に子どもの本に関わる問題としては、1984年東京都世田谷区で起きた「読書の自由世田谷問題」事件があった。

この問題は区議会で一区議が『先生のおと

おりだい』（中野みち子・理論社）を取り上げ
この本を図書館の団体貸出センターから地域
の親子読書会が複本として団体貸出を受けた
ことについて、当の区議が「この本は有名な
作家の本ではなく、小学校教師の書いたもの
であり、親子読書会は政治的中立の観点から
いっても、問題のある団体、その会のために
複本を買うのは税金のムダ使い、図書の購入
を再検討せよ」と発言したことによる。この
時、問題のある本としては『はだかの天使』
（赤木由子　新日本出版社）『わたしのアンネ
フランク』（松谷みよ子　偕成社）『兎の眼』（灰
谷健次郎　理論社）などを「政治的」という
理由で作家にまで攻撃をエスカレートさせて
いった事件だった。

　実はこの事件は、私が親地連の事務局をし
ていた時に起こったのだが、問題とされた親
子読書会は私自身が地元でかかわってきた読
書会でもあった。そこで「光栄にも」区議会
においてこの区議から名指しで「紹介」され
たりもして、汗をかいた記憶がある。この事
件については、単に一つの地域の事件として
だけでなく「読書の自由世田谷問題協議会」
として全国的に支援の輪が広がり、「民主主
義を守るために現代の魔女狩りを許してはな
らない」のアピールのもと、3年の運動のの
ち当の区議は落選し市民の良識を示し決着し
た事件であった。

　80年代の親地連の取り組みとしては、
1987年第1回地域連絡会交流会を開催した
事がある。

　親地連の活動として、これは最も会の目的
に即する取り組みで、全国各地で子どもと本
を結ぶ活動をしている地域単位の連絡会の交
流会であった。東京で開催したこの会には、

北海道から四国まで40の地域の連絡会の代
表が集まり、現状と課題を交流しあった。こ
の話し合いの中で共通する内容として多かっ
たのは、子どもとの結びつきをつくる困難さ
（子どもが文庫にこない）や、「世代交代」を
どうするか？などについての問題で、これは
今に続く問題になっている。

1990年代

　90年代は、「読書ボランティア」という名
称が一般化する。これまでの文庫や、読み聞
かせの活動も続けられていたがそれだけでな
く、本を持って子どものいる所で絵本のよみ
聞かせやおはなし会をする出前の活動と、学
校の「朝の読書」の時間に絵本の読み聞かせ、
おはなしなどをする公的な場での活動は、地
域を問わず各地で行われるようになった。

　地域でこうした子どもと本をむすぶ活動を
してきた人たちがそれまで、ほとんど視野に
入っていなかった学校図書館に目が注がれは
じめたのが90年代でもあった。

　親地連は第11回全国交流集会（1997年）
において、学校図書館に「専任・専門・正規
の人を！」のアピールを採択している。

　バブル景気が崩壊し、児童出版界も不況の
嵐が吹き始め、親地連は版元を離れ自立して、
1996年から隔月で『子どもと読書』を発行
することになった。当初は、何から何まで自
分たちの手での機関紙づくりは、世話人たち
にとっては何かと右往左往でもあったが、次
第に経験がより良く寄せ合わされ軌道に乗
り、現在に至っている。

2000年代

　2000年代に入り、2000年5月東京都上

野に国立国会図書館 国際子ども図書館が開館、子ども読書年の設定、ブックスタート事業の開始、子どもの読書活動推進に関する法律成立など、国政レベルからも読書に関わる取り組みが出始める。地域では、学校やPTA、図書館などから読書ボランティアへの呼びかけや、読書活動への参加が期待されるようにもなった。

　読書運動の初期の頃の絵本や児童文学への熱い思いに促されて文庫、読書活動にかかわるといった参加の仕方が少し変化してきた。学校からの呼びかけに応えてとか、図書館のボランティア養成講座を経てとか、知人に誘われてとか、そのきっかけは多様化してきている。そしてその総称として「読書ボランティア」と呼ぶようになってきたが、本来ボランティアとは何か「させていただく」でも「してあげる」でもない、自らの自発的意思に基づく活動であることを確かめ合うことも必要とされるようになって地域の実践交流、学び合いも増えている。

　読書ボランティア活動に伴い、どんな事が具体的な問題としてあるか。一つは、いろいろな場で本を読むに際して、どんな本を選んで読むのか、「本選び」に関する悩みがこれまでも、そして、これからも問われていくだろう。

　わが子に読むのとは違い、いつ、どこで、何のために、何歳くらいの子にどのような方法で読むのか、そのために適切な本を選ぶわけだから、単に自分が好きだからでは済まないわけである。これまでに、実践の場からも本選びに役立たせようと、多種多様なリストなども作られてきた。

　毎年、子どもの本は年間約4000点の新刊

が発行され、これまでに刊行されたストックと合わせると膨大な点数になる。

　ジャンル別にみると絵本は今、0歳から大人までボーダーレス化し、新刊は1000点をこえるようにもなってきた。読書ボランティアとしては、子どもの本について広い視野から自らの眼を鍛えていく努力が望まれるようにもなっている。また、子どもと本を結ぶ具体的活動として、読み聞かせ、ブックトーク、読書アニマシオン、ブックスタート、ビブリオバトル、おはなしマラソン…など実践面での経験交流も求められていく活動であろう。

2010年代

　2010年は、電子書籍元年と言われたが、子どもの日常に携帯電話、ゲーム機、スマホなどが密着し、これからのAI時代には、子どもが本を読むいとなみは、より大人の根気よい支えが求められていくだろう。そのため、各地それぞれの地での活動を期待していきたい。

　親地連はこれからも、それぞれの地での自主的な活動を交流し合う場をつくることに努力していきたい。そしてその個々のそれぞれの活動をしている文庫、読書グループが共通して願う要求、例えば「もっと図書館を建ててほしい」「図書館には専門職の司書を配置してほしい」「学校図書館には学校司書を」といった共に一致する問題については、親地連として国や関係機関へアピールしていきたい。

　このたび『子ども文庫の100年　子どもと本をつなぐ人々』（髙橋樹一郎　みすず書房2018年）が刊行された。

　子どもと本をむすぶ民衆自らの活動を明治から掘り起こし、現在の文庫活動に至るまで

を調査し、その全貌を描いている。「文庫とは何か」を客観的に考えてみる貴重な資料となっている。

考えてみると、読書というのは極めてパーソナルないとなみである。それが何故「うちの子」だけでなく「すべての」と願ったのだろうか。それは、読書のもたらす「ちから」を、どの子どもにも持ってもらいたいと願ったからではないか。人間が生きていく道は明るい道ばかりではないだろう。暗く出口の見えない道もあるかもしれない。しかし、必ずどこかに出口はある。その光を見つけてほしいと願う。

絶望するのではなく、どのような過酷な状況のもとでも生き抜こうとする「力」を失わないでほしいという願いだ。その力は何によって支えられるのかと考えると、それは人間の想像力によってであろう。それゆえに、その力は「すべて」の子どもに保障したいと願ってきたのではなかろうか。

おわりに

50年に至る親地連の歩みの中で、今でも私が思い出す一場面がある。

会が発足して、まだ間もないころだったと

思う。当初は仕事をしている世話人が多かったので、世話人会はいつも夕方から夜にかけて開かれていた。ある世話人会の時、北区の小学校の一部屋で会議をしていたのだが、その日は会員への発送作業が9時になっても終わらず、会場を出なくてはならなかった。世話人たちは、紙包みを抱え近くの公園へ行って、その芝生に座って作業を終えたことがあった。

その時、見上げた夜空には満天の星が輝いていた。その星空の下の世話人たち一人ひとりの顔を眺めつつ、私はふと思った。世の中をより良くしていく「草の根の力」ということばがあるが、この仲間たちが「草の根の力」のひとつなのではないか。

これまで、いろいろな地でこうした「草の根」が寄り合わせられてきた親地連50年の仲間たちの歩みに、心からエールをおくりたい。

子どもたちと絵本を読むということ
―未来へと希望をはぐくむこと―

正置友子（青山台文庫・絵本学研究所主宰　元聖和大学教授）

大阪の千里ニュータウンに住む

　1965年、25歳の私は、結婚と同時に、故郷の名古屋より千里ニュータウンにやってきた。

　日本一の規模の団地と言われた千里の光景は、当時の私には、全くの異世界であり、ここで生きて行けるのだろうかという驚きと不安でいっぱいだった。千里丘陵地帯は、ウサギ、キツネ、タヌキ、イノシシの住処であったが、竹藪も里山もなぎ倒され、人が住む団地に造成され、1970年の大阪万博を迎えることになった。白いコンクリートの四角や長方形の住居が立ち並び、まわりには掘り返された土がまだむき出しになっている個所もあり、人の手が植えた木々は幼かった。全国からやって来た人たちがそこに集合した。1960年代は、日本は焼け跡から立ち上がり（1940年生れの私には戦争の記憶はわずかしかない）、高度経済成長の上り坂にいるのだった。

　それから、50年以上の月日が経った。エレベーターなしの低層5階建ての住居のまわりには、メタセコイヤ、ポプラ、ニセアカシア、松などの木々が建物よりも高く背を伸ばし、住居と住居の間の空間には、桜、ヤマモモ、梅、イチョウが枝を伸ばし、草地には、タンポポ、シロツメクサ、ヘラオオバコ、ダイヤモンドソウ、ネジバナなどが咲いている。道やスーパーで、文庫の子どもたちに会う。今も文庫に来てくれている子は「あっちゃんだ！」とすぐわかるが、大きくなった子は分からない。「ゆうくんは、もう、中学生なんだ」とびっくりする。結婚して千里に住むようになり、幼い子を連れて、文庫の「だっこでえほんの会」に来てくれる「さきちゃん」もいる。入居当時違和感をもった白い町にも、今では人と人の関係の営みがあり、彩りがある。私が暮らしている青山台公団住宅は、老齢化が進んでいる。住人の容貌からは、ニュータウンであるよりはオールドタウンであるが、光景は千里の森の観を呈しており、成熟の町とも言える。1968年生れの長男から始めた絵本読みは、1973年にオープンの青山台文庫に引き継がれ、多くの子どもたちとの絵本読みは50年を経過した。

青山台文庫を開始する

1973年11月、公団住宅という住まいの中で、文庫を開設した。10歳の時に青天の霹靂の如く降って来た問い「私はなぜ生きているのか」を考えるために、ひたすら本を読み続けた。おとなの本を経て、出会ったのが、児童文学というジャンルの本であった。すでに30代に入り、3人の子どもの母親になっていたが、児童文学との出会いにより、まずは生きてみようという思いになり、おとなの人に読んでいただきたいと「文庫」を開始した。

当時、賃貸3DK（50m²にも満たない）の住空間には、夫、子ども3人、夫の父、そして私の6人が暮らし、そこに壁面全面の本棚と部屋に飛び出した本棚があり、週一回の文庫の日には、100人の子どもたちがやってきた。わが住まいはてっぺんの5階であったが、靴は玄関に収まらず、5階の踊り場、さらに4階の階段へと並んだ。後から来た子は、友だちの靴を踏み越えてたどり着いた。ぎゅうぎゅう詰めで、テーブルの下にしゃがんで本を読んでいる子もいた。

他の人と話すのが苦手であったが、話さざるを得ない状況に私は追い込まれた。わが家の本はおとな用が多く、絵本はわが子用に用意したものくらいで、すぐに不足した。子どもたちから背を押されて、私は、図書館へ、市役所へと出向き、文庫に本を貸出してください、と言いに行くようになった。吹田市の中にもいくつかの文庫が誕生し、子どもの本が好きな人たちと一緒に吹田子どもの本連絡会を結成した。大阪府子ども文庫連絡会も結成され、その勉強会や講座にも参加し、他市における子どもの本の活動も知るようになった。

吹田市では、歩いていけるところに図書館が欲しいと思い、図書館運動も行うようになった。運動を開始した時には吹田市立中央図書館しかなかったが、今は、9館、2分室となった。2分室のうちの一つが地元の北千里分室で、この規模を図書館に拡大することが、私の最後の図書館運動になるだろう。

本を読むことが好きな女性が、社会へと足を踏み出す、このことは、日本の文庫活動の歴史が見てきた一つの特徴ではないだろうか。本を読むという行為が、単に個人の内的な充足（そうであっても良いが）に留まらず、社会へと踏み出す時、社会を変革する動きを作りだす。読書活動である文庫活動にしても、地域で目に見える形を取れば、それは「出たくぎ」となり、うわさや中傷として金槌が飛んでくる。私は「出過ぎたくぎ」は打たれにくいという教訓を学んだ。全国的に見れば、「本を読んだ」多くの女性が、文庫活動に参加し、並行して、あるいはもっと踏み出して、各種の文化活動や社会活動へと行動したことは、日本の女性史のなかでもっとくっきりと位置づけられていいのではないだろうか。大学というアカデミックな場所だけが学習の場ではない。考えれば、社会の場における学習の方が時には困難を伴い、自立の精神を必要とされる。

絵本の研究

1994年秋、イギリスに飛んだ。3人の子どもたちも成人となり、一緒に暮らした義父が85歳で他界し、54歳になっていた私は、待ちに待ったその時が来たことを感じた。夫に「イギリスに留学する」と話し、絵本の歴史の研究をするためにローハンプトン大学大学院に留学した。上陸した途端にウォルター・

クレインの絵本と運命的に出会い、ヴィクトリア時代の絵本の研究にのめり込んで行った[注1]。

大英図書館、オックスフォード大学図書館、ケンブリッジ大学図書館、ヴィクトリア＆アルバート美術館内にある国立美術図書館、カナダに飛んでトロント市立中央図書館内にあるオズボーン・コレクション等でできるだけ多くのヴィクトリア時代の絵本の実物を見て、研究し、英文1000ページの博士論文 *A History of Victorian Popular Picture Books* [注2] を書き上げ、ローハンプトン大学大学院より博士号（Ph.D.）を授与された。この研究が、ヴィクトリア時代の本格的な絵本研究としては世界で初めてであるとして、イギリスの子どもの本歴史協会より「ハーヴェイ・ダートン賞」を受賞した。

2000年にイギリスから帰国する。（6年間の滞在期間中、年間3～4回のロンドン―大阪の飛行を繰り返す。）帰国が確定したころ、大学院のキンバリー・レイノルズ教授より、三宅興子氏（当時梅花女子大学教授）と私に、イギリスで日本の絵本の原画展をしないかと、話があった。うれしかった。というのは、日本は絵本文化が非常に豊かな国であるが、このことはイギリスの子どもの本の関係者には知られてはいない。それどころか、日本で絵本が出版されていることすら知らない人が多い。そのため、6年間の滞在中、論文執筆や発表の機会があると、意識的に日本の絵本を欧米の絵本との比較対象に入れて、書いたり話したりした。

2001年、イギリスの3か所で、「日本の絵本の原画展」を行った。それまでにも、日本の絵本が翻訳出版されていなかったことはないが、ほとんど知られないままだった。従っ

て、この時が初めて、日本の絵本が大量にイギリスの人達の目に触れた時であった[注3]。この機会を通して、絵本は国境を越えられるという考えを持つようになった。絵本は、世界の平和のために貢献できるかもしれない、と。

青山台文庫で「だっこでえほんの会」をスタートする

2000年に帰国した時、浦島太郎のごとく、日本の変質を感じた。一つには子どもたちの変化であり、もう一つは子どもの読書環境の変化であった。2000年に少年による凶悪犯罪が起っていた[注4]。「うちの子は大丈夫」と言っていた親たちが、わが子から殺されることもありうる、と思うようになっていた。一方、政府は、2000年を「子ども読書年」に制定し、国際子ども図書館をオープンさせた。マスコミには「絵本」という活字があふれ、「絵本ワールド」などのイベントが氾濫していた。まるで、絵本が日本を救うかのように。政府は、子どもたちにとっての読書の大切さを謳う一方で、自治体による図書館の設置や充実は目指さず、読書ボランティアの育成を進めるようになっていた。図書館から専門の司書は消えていき、ボランティアが絵本を抱えて、図書館、保育園、幼稚園、小学校その他の施設へと出向くようになっていた。

こうした目に見える日本の変化の中で、青山台文庫へと復帰した私は、何ができるのだろうと考えた。折から、1992年にイギリスで始まったブックスタートが日本でも始まるところだった。わが子や、当時目の前にいた幼い孫たちとも絵本読みをしていた私は、文庫でのあかちゃんたちとの絵本読みに踏み切った。

「だっこでえほんの会」のスタートだった。

0歳、1歳、2歳の子どもたちに参加してもらった。0歳というのは、4月のスタート時点での年齢なので、すぐに1歳になる子もいる。2歳組にいる間に3歳児になり、「だっこでえほんの会」を卒業と同時に、地域の幼稚園の年少クラスに入園する。3年間通ってくれる子どもたちもいる。雨の日、雪の日もあり、病気になる日もある。最終日の3月第2水曜日は、毎回、涙の卒業式となる。

この子たちとの絵本読みは、「絵本を見る」ということはこういうことなのか、と子どもたちから教えてもらう感動と発見の日々であった。「絵本を見ること」を通して、誕生から3年間のひとなっていく日々に出会えたことは[注5]、私に生れることと生きていくことの意味をもっと深く考えるように促すことになった。

フランスの現象学の哲学者メルロ=ポンティの『知覚の現象学』に導かれて、72歳で大阪大学大学院の臨床哲学専門分野に入学した。2回目の博士論文『メルロ=ポンティと〈子どもと絵本〉の現象学―子どもたちと絵本を読むということ―』は、直接には「だっこでえほんの会」の幼い子どもたちとの体験

であるが、その背景には、私の50年の子どもたちとの絵本読みと、私の70数年の本読みの人生がある。世界で初めての〈子どもと絵本〉と哲学を結ぶ本となった[注6]。

子どもたちと絵本を読むことは、未来へと希望をはぐくむことである

1970年代、1980年代は、希望に燃えて文庫活動や図書館運動をしていた。日本列島に5000か所の文庫があった。2000年以降の世の動きを見ていると、文庫をしてきた意味があったのかとさえ思えてくる。しかし、考えてみよう。文庫や親子読書の歴史がなかったら、日本はもっと早く壊滅していたかもしれない。

幸い、現在も文庫や読書会、子どもの本の連絡会、公共図書館や学校図書館を求めての運動は続いている。絵本や読書ボランティアの人たちも研鑽を積んで、子どもたちのところへ絵本や本を運んでいる。しかし、ここで考えたい。私たちは、なぜ子どもたちと絵本を読み、本を手渡したいと思うのだろう。それは、ひとえに、未来へと希望のたいまつを渡すためではないだろうか。私たちの生身のからだで（声で、手で）手渡した絵本や本が、子どもたちが未来を創るときに役立つものになるものであってほしい。

絵本や本の体裁をしていれば、すべて「いい」わけではない。いま私は第二次世界大戦に向かう時代や戦争中に発行された絵本を調べている。多くの絵本が、子どもたちを戦争へと向かうことを勧めるものであった。その時代に生きていたら、私たちは、そのような絵本を子どもたちに読んだかもしれない。選択の自由はなかったのだから。今はまだ選択が可能である。

私が調べている戦争中の絵本は、現在大阪府立中央図書館にある。私が調査を開始した2000年代初めには、万博公園内の大阪国際児童文学館にあった。2008年、タレント弁護士が政治家として現れ、大阪府知事になった時、大阪国際児童文学館を即座に閉館にした。資料は幸い（私は資料の廃棄や散逸を恐

れていた）府立図書館へと移送された。莫大な予算を使ってではあったが。児童文学館の瀟洒な建物は、現在もなお万博公園内に建っており、大阪府の倉庫となっている。

　2009年、鳥越信氏が大阪府を相手に大阪国際児童文学館を取り戻す裁判を開始したが、体調を崩され、その段階で、原告団代表を引き受けた。大阪地方裁判所、大阪高等裁判所と、何度も法廷に坐り、何度か法廷に立ち、陳述もした。行政の行き過ぎや間違いを是正できるのは司法のみです、という誠実で優れた5人の弁護士に支えられて。しかし、全て敗訴に終わり、2014年9月、最高裁判所からの「棄却」の通知を受け、裁判は終了した。司法（裁判）も、その時代の権力側であることを知った。

　大阪国際児童文学館の裁判を通して、私たちの地道な活動の大事さを一層知った。また、資料を整理し、収納し、公開する図書館の大事さも一層考えるようになった。図書館は、自治体が責任を持って運営し、専任の司書が仕事に当たる。地域の生活者の安全とよりよい暮らしに向けて手助けするのが図書館の仕事である。

　民主主義が間違っているという声も大きくなっている。問題は、民主主義が間違っているのではなく、民主主義を構成している人たちの暮らしや考え方にあるだろう。究極的には市民の思考を形成することになる文庫や図書館こそ、民主主義の砦である。

絵本について少しだけ

　紙面がないので、専門の絵本について少しだけ書くことを許していただきたい。私が、人生で一番よく読んだ絵本は、松谷・瀬川組の『いないいないばあ』[注7]である。わが子に、孫に、「だっこでえほんの会」の子どもたちに、多分700回くらいは読んでいる。

　世の中には、「いないいないばあ」くらい、子どもを相手にしてやったらいいことであり、なぜ絵本を読まなければならないのか、と疑問を持つ人もいる。もちろん、年長者と幼い子どもとの最初の遊戯は「いないいないばあ」であり、一緒に「いないいないばあ」を遊んでほしい。それに対して、絵本は人間の手が創り出した文化財であり、子どもたちが生まれて最初に出会う「本」である。現実生活の中で、クマと「いないいないばあ」をすることはあり得ない。絵本は想像の世界である。絵本を継続的に読んでもらうことを通して、子どもたちは、現実の世界と想像の世界があることを知る。現実の世界だけで生きていくことはできない。大事なことは、幼い子どもたちは、親しい人と一緒に絵本の世界へと誘われるということ。

　「いないいないばあ」の世界は、「いなくなった、現れた」、「いなくなった、いた」、「消えた、現れた」、「いない、いる」という関係になり、纏めれば、「非存在、存在」、となるだろう。ここで、この遊びの成り立ちを考慮に入れると、その人の存在を確実に理解している段階で「いないいない」をするのだから、「非存在／存在」という順ではなくて、「存在―非存在―存在……」という一連の関係性が見えてくる。物語的に表現すれば、「出会い―別れ―出会い」、とも言えるだろう。人の

「生」は、「出会い―別れ」、の繰り返しのような気がする。あかちゃんがこの世界に到着したときは、誕生の「ばあ」であり、そして、その人の人生が長いか短いかはわからないが、いずれ、人生の最後を迎えて、あの世（あるとして）への旅立ちとなり、「いないいない」と消える。「生」の一番大きなスパンとしては、「誕生」そして「死」という「いないいない、ばあ」がある。

幼い子どもたちと『いないいないばあ』を読んでいると、子どもたちは、いま人生の門に立ち、勇気を持って足を踏み出そうとしているように見えてくる。『いないいないばあ』は、私から子どもたちへの応援歌である。

7．これから

近年、エッセイを読んでいると出会う文章がある。「80歳のおばあさんが……」とある。私はもう数か月で80歳になる。もうしばらくは、子どもたちと絵本を読み続けるつもりでいる。また、絵本という分野に絞っても、研究の焦点を当てたいテーマはまだいくつもある。

親地連の50年の歴史を振り返れば、そこには、実際に子どもたちと絵本や本を読んできた人たちのなんと豊かな経験が連綿として語られてきたことだろう。それは、日本の土壌から生まれた、子どもの読書の歴史であり、子どもの読書に関わった女たちの歴史であり、歴史を創ろうとするものたちの歴史である。多分、政治などの大文字の歴史に対して、親地連がしてきたことは小文字の歴史である。ささやかに見えるが、質の良い＜子どもと読書＞の環境を作ろうとしてきた苦闘の歴史でもある。小文字の歴史こそ、大文字の歴史を変え得ると信じたい。

子どもたちと絵本を読むという日々が、未来へと希望をはぐくむことになる。

1　ヴィクトリア時代の絵本は、歴史上初めて、絵本の花が開いた時代であり、カラー図版は、木口木版で制作された。

2　*A History of Victorian Popular Picture Books*（正置友子　風間書房　2006）博士論文は、日本で英文のまま、出版された。

3　「イギリスで初めての日本絵本原画展」は、テムズ河畔の国立劇場のロビー、バーニンガム図書館、ニューキャッスル大学美術館で開催された。絵本の原画を無償で提供くださったのは、荒井良二、太田大八、きたむらさとし、佐野洋子、新宮晋、田島征三、たにうちこうた、長新太、長谷川集平、ばばのぼる、林明子の11名。

4　西鉄バスジャック事件、大分一家殺傷事件、山口母親殺害事件などが2000年に発生している。

5　「ひとなる」を辞書（広辞苑）でひけば「人成る」という漢字を当て嵌めている。名古屋出身の私は、祖母が成長した若い人にもナスビやキュウリにも「ひとなる」を使っていたことを記憶している。尾張地方の古語的方言で、命あるものが生育していくことを「ひとなる」という。

6　『メルロ＝ポンティと〈子どもと絵本〉の現象学―子どもたちと絵本を読むということ―』（正置友子　風間書房　2018年）

7　「いないいないばあ」という言葉が題名に入る絵本は100冊以上ある。その中で、私が子どもたちと読むのは、『いないいないばあ』（松谷みよ子文、瀬川康男絵、童心社　1967年）である。

平和への願いを届けてきた50年
― 核の物語を通じて ―

繁内理恵（児童文学評論家）

　平成から令和に元号が変わるときにちょうどこの原稿を書いている。このマスコミの大騒ぎが、テレビで見ている子どもたちに、何を刷り込んでしまうのかと気になる。すべての局が皇室特番を組み、天皇家の人々の素晴らしさをエピソードを交えて紹介する。天皇と日本のあり方を多角的に検証する視点などどこにも見当たらない。古田足日が『わたしたちのアジア・太平洋戦争１広がる日の丸の下で生きる』（童心社　2004）の中で紹介している「テンノウヘイカ　ハ、ワガ大日本テイコクヲ　オヲサメニナル、タットイオンカタ　デ　アラセラレマス」という修身の教科書の言葉を思い出す。これが敗戦から70年余りが経過した日本の姿だということに嘘寒さを覚える。

　思えば、日本の児童文学の歴史は、戦争を描く物語と共に始まった。いぬいとみこの『木かげの家の小人たち』、そして柴田道子の『谷間の底から』の２作品が刊行されたのが1959年。戦争を直接経験した世代の、戦争を次世代に伝えなければならないという痛切な願いが、戦後の児童文学を支える原動力の一つであったと言える。しかし戦争という巨大な体験を客観的に対象化し、もう一度虚構として再構成するという営みは、非常に難しいことだ。物事の核心と構造を捉えること、理解の深さと批判する眼差し、子どもたちに活き活きと伝えるストーリーテラーとしての力。どんな小説にもその能力は必要なのだろうが、その中でも、人類が初めて経験することになった原爆について、子どもたちに伝えようと挑戦し続けてきた作家の方達に、私は心からのリスペクトを感じている。

　原爆の破壊力がはっきりと日本人に知らされたのは1952年に占領軍による検閲制度が終了してからのことだ。1947年には原民喜が『夏の花』を、1965年には井伏鱒二が『黒い雨』を発表していたが、児童文学において原爆を描いた作品が次々と発表されだしたのは1960年代になってからである。原爆は、人間が生み出した、人間の能力を超えた巨大な暴力だ。全貌もその影響力も、知れば知るほど手に負えない怪物に、戦後の第一世代は、

まず犠牲となった人々の悲しみと痛みに寄り添うことからアプローチしようとした。

中でも、松谷みよ子の『ふたりのイーダ』(講談社 1969)は、ミステリーの手法を取り入れ、読み手を一気に物語のなかに引きずり込む力を持つ作品だ。小さな木のいすが、「イナイ、イナイ、ドコニモ……イナイ……」と誰かを探して歩いている。そのいすに出会った少年と、イーダちゃんと皆に呼ばれている幼い妹が、不思議な出来事に巻き込まれていく。いすは、8月9日におじいさんと広島に出かけたまま、帰らぬ小さなイーダを待ち続けていた。その謎を解きながら、少年は広島で何があったのかを知り、いすの悲しみに心を重ねていく。幼い妹がよりしろのように、失われた記憶と自然に一体化していく設定が強い説得力を持つのは、松谷が民話の採録と再生に尽力していたからではないだろうか。民話に秘められた、歴史の中に埋もれた人々の耳に聞こえぬ声を、松谷は丁寧に読み解こうとした。「イナイ、イナイ」と幼い子の温もりを求めてさまよい歩くいすの姿には、声をあげることも叶わず消えていった人々の悲しみと切なさが込められているように思う。時間と空間を越えていく民話の力の語りの強さを感じるのである。原爆忌に、『ふたりのイーダ』を読み返すという人の声が、ネットに毎年溢れるのも頷ける。

その後も『ひろしまのピカ』(丸木俊 小峰書店1980)、ノンフィクションである『折り鶴の子どもたち－原爆症とたたかった佐々木禎子と級友たち』(那須正幹作 高田三郎絵 PHP研究所 1984)、と様々な作品が登場するが、2000年代に入り、戦後第二世代が作品を書き始めた頃から、核にまつわる物語はこれまでの「被爆体験をもとにした原水爆の悲惨さから、反戦平和の願いに収斂させる作品」(「核と日本の児童文学」野上暁、日本ペンクラブ主催フォーラム子どもの本と「核」を考える、2013年1月26日開催 配付資料)から、新しい広がりを見せる。その先駆となったのは朽木祥の『彼岸花はきつねのかんざし』(学習研究社 2008)だ。朽木は被爆二世であり、ヒロシマをライフワークとすることをデビューのときから自らに課している。敗戦から70年近くが経ち、人々の記憶は風化し、

原爆は昔に起こった悲劇というイメージに塗りつぶされてしまいがちだ。しかし、時間が経過することによって、様々な資料や論考が積み重なり、科学的な検証と俯瞰が可能になったという一面もあるのではないだろうか。

朽木は静かな広島近郊の村で、代々おきつねさんに化かされてきた家の少女と、小さな子ぎつねの友情を軸に物語を展開する。「国」というものが意識される近代以前から育まれてきた民話の世界のような里山に、戦争がどのように入り込んでいるのか。犬猫の供出や、広島を核の実験場にするための偵察飛行など、史実を交えながら描かれた小さなものたちの愛しい世界は、原爆投下で全く違うもの

に変わり、少女は子ぎつねと交わした約束を果たすことができない。子どもたちに、恐怖という壁を乗り越えて原爆の記憶をどのように伝えるのかという、核に対する問題意識が薄れた中での、意欲的な試みであった。

その後、東日本大震災が起こり、私たち日本人は過去のものとして忘れきっていた核の問題に直面する。広島・長崎に投下された原爆により始まった核の恐怖は、日本社会に平和利用と名前を変えて深く潜行し、福島第一原発の事故として蘇った。それを目の当たりにした作家たちは、新たな核の語り直しを始めている。

『パンプキン！模擬原爆の夏』（令丈ヒロ子　講談社　2011）は、原爆投下の練習として全国各地に落とされたパンプキン爆弾のことを二人の小学生が調べる物語だ。主人公の寛果は、それまで自分とは無関係だと思っていた原爆の模擬爆弾が身近な場所で落とされ、犠牲者が出ていたことを知る。それをきっかけに原爆のことを追っていくうちに、日本の侵略行為や外国人被爆者のこと、そして現在もなお核から漏れる放射線被害に苦しむ人々が世界中にいることなどを知ることになる。寛果は、調べれば調べるほど原爆や戦争が「終わりがない」問題であることを実感する。

悲劇を知らされるだけではなく、能動的なアプローチで核の問題を捉えようとした試みは、司書や子どもたちにも新鮮な思いで受け止められ、支持を拡げている。わかりやすい答えに飛びつくのではなく、複雑に絡み合い、解決方法も終わりも見えないと思うような問題にも、問いかけや疑問を持ち続ける力が「知」であることをこの作品は教えてくれる。

朽木祥は『八月の光　失われた声に耳をすませて』（小学館　2017）という連作短編で、時間という壁の向こうに取り残された一人ひとりの魂の記録を、磨き上げた文体で形象化してみせた。「2011年にフクシマの原発事故が起きたとき真っ先に考えたのは、私たちがこれまで十分にヒロシマを伝えてこなかったのでこんなことが起きてしまった、ということでした」と朽木は後書きで述べている。未来という目に見えない場所に進んでいくときの道標として、失われた声をひとつずつ拾い上げ、普遍的な記憶として刻印する。その道標が、幅広い年代の人々が読める児童文学としてあることは、子どもにとっても、また大人にとっても、大切なことなのではないだろうか。

また、朽木は2013年に刊行された『光のうつしえ　廣島　ヒロシマ　広島』（講談社）で、身近な人たちが語ろうとしなかった原爆の記憶を聞き、自分たちなりの芸術作品にして語り伝えようとする子どもたちの姿を描いている。朽木はこのなかで「加害者になるな。犠牲者になるな。そしてなによりも傍観者になるな」というホロコースト研究者の言葉を紹介している。「あの戦争で起きたこと、廣島で起きたことを、伝えて」いくことが、戦争を知らない世代の責任としてあることを示唆している。ヒロシマを、長崎を深く記憶することは、過去と現在と未来を繋ぐ視点を持つことなのだ。

アーサー・ビナード作・岡倉禎志写真の『さ

がしています』(童心社 2012)も、失われた声を聞こうとする絵本だ。広島平和記念資料館に残された遺品の写真とテキストで作られた絵本からは、今と地続きの日常が伝わってくる。原発事故の後、国土のなかに放射能に汚染されたまま立ち入ることも叶わぬ場所があり、メルトダウンした原子炉を廃炉にし、放射能の拡散を止める目処も未だ立っていない。持ち主を失った洋服や弁当箱は、私たちの日常のなかに今も戦争が深くわだかまっていることを語りかけてくる。

しかし、福島第一原発事故から8年が経ち、またもや原発の再稼働論が政財界から持ち出されるようになってきた。また、核兵器を包括的に禁止し、完全廃絶までの道筋を描いた「核兵器禁止条約」が2017年に国連で採択されたにもかかわらず、日本はその条約に反対の投票を行っている。世界で唯一の被爆国である日本が、この条約の交渉会議にも参加しないという事実。また原発の再稼働論が根強く持ち上がるのは、現政権の新自由主義的な価値観と対米従属意識の強さによるものだろうが、核に対する根本的な議論を先送りにしてきた日本人の体質的な問題もあるのではないだろうか。

2018年に刊行された『ある晴れた夏の朝』(小手鞠るい 偕成社)は、アメリカの高校生たちが原爆の是非について公開討論会を行う物語だ。アメリカでは原爆投下は戦争を終わらせるために必要

だったという考え方が主流だ。その原爆を落とした側の主張に、どのように対峙して原爆の記憶を語り、受け継いでいくのか。原爆肯定派も否定派もたっぷり時間をかけて資料を集め、論理を組み立て、正面から原爆について主張を繰り広げていく。アメリカという、いわばアウェイで繰り広げられる議論を通して、読み手は多角的な立場から原爆投下について検証するという体験ができる。真珠湾攻撃や南京大虐殺という日本の戦争責任、日系人の収容所問題。ナチスドイツの行ったユダヤ人へのショアー。戦争についての議論は、そのまま私たちが今抱えている差別などの社会問題に繋がっていく。過去と向き合うことを恐れず、何度も何度も検証し、様々な角度から、憎しみではなくお互いを知るために語り合うことが未来を開くのだということをこの作品は教えてくれる。

親地連の50年の歴史が、日本の児童文学の歴史と歩を重ねてきたのは、やはりその活動の核に、平和への抜き差しならぬ深い思いが重なってのことであろうと思う。日本子どもの本研究会の創設者の一人であり、読書運動に人生を捧げた代田昇氏の生き方の根底には、壮絶な沖縄戦の記憶があったという。(『代田昇遺稿・追悼集　読書運動とともに―子どもたちに読書のよろこびを―』ポプラ社

2002）その思いを胸に読書活動を続けてこられた方々に、心からの敬意と感謝を捧げたい。

冒頭でも述べたような同調圧力のような空気と、2018年4月から始まった道徳の教科化。戦前回帰ともいえるようなこの流れのなかで、憲法を改正し、日本を戦争ができる国にしたい力はますます強くなっている。古田足日は、教育基本法が改正された時、「学校教育が『改悪』基本法でしばられることになると、しばられない文化・文化財を、別のものの見方、感じ方を子どものもとに届けなければなりません。子どもの本や絵本は今までより重要な役割を背負うことになるでしょう」と述べている。（「コラム教育基本法改悪」『現代児童文学を問い続けて』くろしお出版2011）この言葉の意味を、深く嚙みしめるときが来ているのではないか。貧困や格差、いじめなどの、今子どもたちが抱える問題も、姿形を変えた戦争だと私は思っている。だからこそ、様々な角度から戦争を知ることが、今を生き抜くための手がかりになるはずだ。浅薄な報道や情報に惑わされない、一冊の本を読み抜く力を育てるために、深く多様な語りに満ちた物語を、子どもたちに届けたい。

科学読物の最近50年のあゆみ

赤藤由美子（科学読物研究会）

はじめに

科学読物とは[注1]、子どもが自然や科学に興味や関心を持てるように、科学的なものの見方や考え方を伝える子どもの科学の本である。子どもが育つうえで必要ならば、その範囲をゆるく、広くとらえている。科学読物は、出版されるとすぐに消えていったものもあるが、増刷や復刊や改訂を経て、ロングセラーとなって読み継がれてきたものもある。それらがどのようにして生まれ、子どもたちにどのように読み継がれてきたか、科学読物の最近の50年を見ていきたい。塚原博が1960年代中期から70年代末期までを「普及興隆期」[注2]-[1]と時代区分したのに倣って、およそ10年ごとに普及期、興隆期、隆盛期とした。

1．1960年代中頃〜1970年
科学読物は歩み始める（普及期）

戦後の混乱期が過ぎて少し落ち着いてくると、60年代は所得倍増計画や高度経済成長の政策が打ち出され、経済成長は、出版界にも反映し、様々な本が出版された。子どもの読書運動の高揚とともに、家庭文庫が増えて、1970年に親子読書・地域文庫全国連絡会が生まれた。子どもの本は文学が中心であるが、全般に質が向上し、原書と同じサイズでカラー印刷の優れた翻訳絵本が次つぎと出版された。新しい分野の開拓や、月刊絵本誌「こどものとも」や「かがくのとも」（ともに福音館書店）のような新企画が出現し、かこさとしのような新しい作家が生まれた。さらに、科学読物の研究と普及を目的として科学読物研究会が生まれ、60年代は、科学読物にとって大きな転換期となった。

(1)『せいめいのれきし』から始まる翻訳科学絵本の出版

1964年に『せいめいのれきし』（バートン 岩波書店）が出版された。これはアメリカの翻訳本で、カラー印刷の豪華な科学絵本だった。太陽、月、地球の誕生から、地球上に次々と新しい

生命が生まれ、人間が登場し、現代までの歴史のドラマが舞台の上でテンポよく展開する科学的視点を持った本だった。「サルからヒトへ」のような進化論が出てこないという指摘もあったが、子どもたちには大人気だった。「この本は絵の力も大きいが、子どもたちの心にぴったりとくる本だった。長い長い人類の歴史や時間の流れを、しっかり受け取り、次の世代のバトンを渡されたと感じたのではないだろうか。」と評され、46年間に53回も増刷されるロングセラーとなった。さらに、2015年に新情報を盛り込んだ改訂版『せいめいのれきし』（まなべまこと監修 岩波書店 2015））が出たことで、これからも子どもに読み継いでいける本となった。

そのあと、福音館書店から欧米の科学絵本の翻訳が次つぎに出た。『くうきはどこにも』（ブランリー 1967）、『じめんのうえとじめんのした』（ウェバー 1968）、『ぴかっごろごろ』と『たいよう』（ブランリー 1968）、『しずくのぼうけん』（テルリスコワ 1969）など、いずれも福音館の<科学シリーズ>に入った。

さらに、『つきのせかい』『原子の伝記』『恐竜の世界』など、原子、宇宙、恐竜、進化、環境などの学校の教科書にないテーマの本が多く、新鮮だった。これらの多くは、のちに改訂版が出て今も子どもたちに読まれている。

(2) かこさとしの登場「知識を与える」本から「おもしろい」本へ

かこさとしは、月刊絵本誌「こどものとも」（福音館書店）から「だむのおじさんたち」（1959）を出して、絵本作家としてデビューした。その後も「かわ」（1962）と「ゆきのひ」（1966）、「たいふう」（1967）が出版された。

それまでの科学の本は、理科の学習に役立つ本「知識をあたえる本」が多かったが、かこは、「子どもにわかる言葉で、子どもの思考で、子どもがおもしろいと思う本を書く」ことに努めた。子どもの視点で「科学のおもしろさ」を伝えた『よわいかみ つよいかたち』などの〈かこさとしかがくの本〉10冊（童心社 1968）を出した。のちに版を変えて（1988年）、現在も子どもたちに読まれている。また、『海』（1969）、『地球』（1975）、『宇宙』（1978）などが〈福音館のかがくのほん〉シリーズとして出版され、かこは子どもたちに絶大な人気作家となった。

(3) 板倉聖宣の影響

科学教育の世界では、1963年に板倉聖宣が「仮説実験授業」を提唱して、実験と科学読物を重視したことにより、出版界に大きな影響を与えた。板倉らが編集した高学年向きの読み物〈少年少女科学名著全集 30巻〉、〈発明発見物語全集10巻〉（ともに国土社/1964〜）が出て、教師が授業などにこれらを積極的に取り上げた。

(4) 月刊誌「かがくのとも」が創刊され、画家・作家を育てる

翻訳本に続いて、1969年に福音館書店から、月刊科学絵本「かがくのとも」が創刊された。身近な生活のなかで見つけた疑問や不思議から子どもたちを科学の入り口へ誘うストーリーのある本で、1冊当時130円とい

う手頃な値段で話題になった。1冊作るのに3〜5年をかけ、その中から日本人の科学読物の作家や画家が育ち、編集者が育っていった。第1号の『しっぽのはたらき』(川田健、薮内正幸)で、絵を担当した薮内正幸は、その後、動物画の第1人者となった。一部は〈かがくのとも傑作集〉としてハードカバー化されて、その多くは今も読みつがれ、海外でも翻訳出版されている。「かがくのとも」は、2019年に創刊50年を迎え、その数は600冊を超えた。

2. 1971 〜 1980 年　科学読物の興隆期

　中東戦争の影響などにより、1974年は用紙不足が問題になり、子どもの本の新刊点数が減り、図書の価格が急騰した。しかし、科学読物の出版は盛んで、月刊誌「かがくのとも」とそのハードカバー版〈かがくのとも傑作集〉(福音館書店)、カラー写真を取り入れた〈科学のアルバム〉(あかね書房)などのシリーズ本が出た。また、国内では公害問題が深刻となり、公害を取り上げた本が登場した。

　1977年頃からは用紙不足も一段落し、新刊発行点数は著しく増え、ヤングアダルト対象の科学読物の出版も充実していった。この頃、人間の体に関する翻訳絵本・科学入門書・科学あそびの本なども多く出された。しかし一方で、優れた評価をうけた本の「絶版・品切れ」も相次いだ。

(1) 写真中心の〈科学のアルバム〉の誕生

　写真技術と印刷技術が進歩して、たくさんの生態写真家を目指すカメラマンが生まれた。1970年から、カラー写真中心のシリーズ〈科学のアルバム〉(あかね書房　1970 〜 1988)を出した。小学校中学年以上を対象に、解説文も写真家が書き、ストーリーのある解説がわかりやすく親しみやすいと好評だった。調べたいことがあったら、まずはこのシリーズを開いたものだ。植物、動物、昆虫、鉱物、鳥、地学の5つの分野にわたり、その後20年をかけて100冊と別巻4冊まで続いた。さらに、低学年向きの写真絵本〈カラー自然シリーズ〉(偕成社　1976 〜)も続いた。

(2) 科学教育界から生まれた〈いたずらはかせのかがくの本〉と各社の高学年〜ジュニアを対象にしたシリーズ

　板倉聖宣は、小学生むきのやさしい科学入門書〈いたずらはかせのかがくの本10巻〉(国土社　1970 〜)を著し、小林実は、〈なぜなぜはかせかがくの本30巻〉(国土社　1971 〜 1973)を出した。これらは仮説、予想、その検証という仮説実験の方法で本を作ったから、科学あそびにも学校の授業にもそのまま使え、息長いロングセラーとなった。板倉の高学年向きのおもしろい読み物として、『砂鉄とじしゃくのなぞ』(1979)は、『ジャガイモの花と実』(1968)とともに〈福音館の科学の本〉シリーズに加わり、その後〈オリジナル入門シリーズ5〉(仮説社)に入っている。時代が変わっても評価は変わらない。

　このほかにも科学の出版界は、良質な読み物シリーズが数多く出て、非常に活気があった。例えば、中学年から高学年向きのシリーズ〈科学の読み物〉(文研出版　1972 〜)、高学年から中学生向きの〈動物の記録〉(学習研究社　1971)、『ぼくらはガリレオ』などの〈岩波科学の本〉(1972 〜)、〈小学生自然科学シリーズ〉(小峰書店　1974 〜)、〈新日

本動物植物えほん〉（新日本出版　1979〜）、〈算数と理科の本〉（岩波書店　1979〜）。また、〈大日本ジュニアノンフィクション〉、〈偕成社ジュニア博物館〉などのノンフィクションシリーズにも、科学読物が含まれていた。ヤングアダルトから大人までの〈岩波ジュニア新書〉（1979〜）が創刊されて現在まで続いている。

（3）公害の本の登場

　1970年は公害の年と言われ、日本は四大公害病の名だたる国だった。公害の子どもの本は、やや遅れてやってきた。イタイイタイ病の原因が工場排水中のカドミウムだと突き止め、患者の立場に立って科学技術政策のあり方を指摘したのは『死の川とたたかう』（八田清信　偕成社　1973）である。身近な排水やゴミ問題の具体例を出してどう考えたら良いかを提案したのは水の研究者・半谷高久の、『水と人間』、『ゴミとたたかう』（ともに小峰書店　1975と1978年）だった。

3.　1981〜1990年　科学読物の　　出版ブーム（隆盛期）

　国内外ともに激動の時代で、1986年にチェルノブイリ原発事故が起こり、酸性雨、大気汚染などの環境問題やエイズ問題も話題になり、関連本の出版が相次いだ。しかし、エイズ問題に関する本は慌ててまとめたものが多く、評判が良かったのは1990年代になってから出された翻訳本だった。写真絵本シリーズは引き続き好評で、〈カラー版自然と科学〉（岩崎書店　1981〜）、〈ジュニア写真動物記〉（平凡社　1983〜）など、その他、イラストによる〈絵本図鑑〉（岩波書店　1986〜）も好評で、各社はこぞってシリー

ズを出した。科学あそびの本も、また高学年向きの読み物〈人間の知恵〉（さ・え・ら書房　1981）、〈ちくま少年図書館〉、〈ポプラ社の少年文庫〉も、70年代に引き続き、コンスタントに出ていた。1981年には、吉村証子記念「日本科学読物賞」が設けられた。1981年、日本で最初の子ども向きの科学の本のガイドブック、『科学の本っておもしろい』（連合出版　1981）が出た。

（1）身近な公害問題を子どもに分かりやすく

　70年代後半に登場した公害の本を皮切に、80年代になると藤田千枝の『下水のはなし』と『ゴミのはなし』（ともにさ・え・ら書房　1984と1985）が出て、暮らしの中の身近な公害問題を子どもと一緒に考えることができた。

　その後、水銀中毒の記録『水俣の赤い海』（原田正純　フレーベル館　1986）が出て、『死の川とたたかう』とともに今も重金属の公害裁判の道しるべとなっている。公害は、環境汚染と名前を変え、〈世界はいま〉（佑学社　1987〜89）は、国境を越える環境汚染や破壊の実態を衝撃的なタイトルと告発調の内容で話題になった。

（2）吉村証子記念「日本科学読物賞」の影響

　科学読物研究会を立ち上げた吉村証子が亡くなると、その業績を記念して、1981年に吉村証子記念「日本科学読物賞」が設けられた。科学読物を対象にしたはじめての賞であった。第1回は福音館書店の「かがくのとも」編集が受賞した。その後は毎回2作品が受賞し、1996年までの15回続いた。受賞式は、本を作る人、読む人、手渡す人たちが刺激しあう場となり、各社は科学読物の出版に力を注ぎ、科学読物のブームを支えた。し

かし、賞が廃止になるころには出版ブームの勢いにも影が差し始めた。

（3）科学あそびの本も好調

科学あそびは、図書館や文庫で科学の本を紹介する一つの方法として、70年代にはじめられた。身近な材料で簡単な実験を遊びとして楽しむことによって、科学のおもしろさがわかり、本の本当のおもしろさがわかる。『卵の実験』（福音館書店　1980）、『ふしぎないろみず』（岩波書店　1981）、『まほうのわ』（大日本図書　1987）などが人気だった。

また科学あそびの最初のガイドブック『科学あそびだいすき　1』（連合出版　1987）が出たことも大きい。

4.　1991 ～ 2000 年　科学はおもしろい！（隆盛期）

1992年に文科省は、小学校1、2年の理科と社会を廃止し、その代わりに生活科を新設した。指導要領に沿って、理科でもなく社会でもない、また自然観察でもない、中途半端な生活科向けの本が出た。他にも、環境問題・性教育・恐竜・宇宙・算数などがシリーズで出た。環境の本は告発調から自然保護を訴える内容へと変わってきた。

「若者の理科離れ」や、「授業をおもしろくする工夫」などがマスコミで騒がれて、打開策の一つとして、1992年から「青少年のための科学の祭典」が始まり、1996年からTVの連続科学番組「やってみようなんでも実験」が放送されると、科学あそびが注目され、様々な科学あそびの本が出た。

（1）様々な科学あそびに子どもも大人も夢中

科学あそびは、いつでも人気だが、特にスライムとドライアイスは人気が高かった。

『ドライアイスであそぼう』（国土社　1990）、『手づくりスライムの実験』（さ・え・ら書房　1996）、材料別の〈たのしい科学あそび〉（さ・え・ら書房　1994 ～）が出て、さらに『科学あそび大図鑑』（大月書店1996、1997）、科学あそびのガイドブック『科学あそびだいすき　2』（連合出版1994）が出た。

（2）良質な性の翻訳本が遅れて登場

1980年にアメリカでエイズが大きな社会問題となり、日本でも次の年に最初の患者が現れた。「エイズの予防は教育が1番」ということで、1994年から学校教育に性教育が実施されることになった。理科の3～5年の教科書に人体に関する単元が加わり、特に5年生に男女の違いが入った。

学校で急に性教育の本が必要になったとき、あわててたくさんの本が出版されたが、評判が良かったのは翻訳本だった。体の成長については『成長するっていいなあ』（ワックスマン　大月書店　1992）、エイズについては『ぼくはジョナサン…エイズなの』（スエイン　大月書店　1992 ） など。ただし、2002年に小中学の指導要領から「性」が消えたので、以後は性の本が少なくなった。

5. 2001 ～ 2010 年　図鑑が売れる時代

「出版不況」、「特に科学読物が売れない」と言われる中で、2002年から学校は週5日制の完全実施と文科省の指導要領による「総合的な学習」（いわゆる、調べ学習）が始まった。出版社は調べ学習の本に飛びつき、2001年の科学読物の出版数の約3分の1はこの関係の本だった。ほとんどが資料集で、かなり安易な作りが目につき、大判の固い表

紙、価格も少しずつ高くなった。出版社は、学校図書館を相手に本を作るようになった。

しかし、この「ゆとり教育」による学力低下が問題になり、2008年には指導要領が学力向上重視へ改訂された。さらに、2000年の白川秀樹のノーベル化学賞受賞を皮切りに、立て続けに日本人がノーベル賞を受賞したことにより、学者を夢みる子どもの力となった。親も期待を込めて、図鑑を買い与えるようになり、出版不況の中でも「図鑑類」が驚異的な売り上げを記録した。

ヤングアダルト向けには〈岩波ジュニア新書〉などが変わらず出ているが、他社のシリーズも出た。

(1) 総合的な調べ学習の本が増加

1999年から、文部省の「総合的な学習の時間」の実施モデルと例示された環境・福祉・国際協力・情報という四つの領域に添ったセットものが大量に出た。どれも副教材のようなものが多かった。

その影響で社会の本のタイトル数が増加し、自然と科学の本が減少する傾向だった。

その中で元気だったのは、写真を生かし、動植物の生態を重視した『たんぽぽ観察事典』などの〈自然の観察事典〉40巻（偕成社　1996～2007）と、ユーモアのある楽しいイラストの〈そだててあそぼう〉105巻（農文協　1997～2013）だった。後者は、野菜や果物、動物から、土までを取り上げた。

環境の本で衝撃だったのは、〈アニマルアイズ〉5巻（宮崎学／偕成社　2002）である。人間が勝手に作った環境のために動物たちがどのような生命の危険にさらされているかを写真で報告した。

(2) ひとり気を吐く図鑑類

なかなか売れる本がない中、2009年刊の『くらべる図鑑』、『ふしぎの図鑑』（ともに小学館）など、1冊もののテーマ別図鑑が特に人気を呼び、ベストセラーになった。

(3) ヤングアダルト向けのシリーズ本増える

〈よりみちパン！セ〉（理論社　2004～）、〈ちくまプリマー新書〉（筑摩書房　2005～）、〈15歳の寺子屋〉（講談社　2009～）、〈14歳の世渡り術〉（河出書房新社　2007～）が出て、中高生だけでなく大人も読める入門書として話題になった。いずれも現在も続けて出版されている。

6. 2011年～2019年　混迷の時代

2011年の東日本大震災と福島第一原発事故のあと、震災や防災・原子力災害や原発・放射線・電力・生き方を考える本が複数出た。環境の本も引き続き出ている。

また学習指導要領の改訂により、プログラミング教育導入・道徳の教科化などに合わせ、それらの入門書が多数出た。

インターネットで世界中が瞬時に繋がり、宇宙・恐竜・人体・農業などで新発見があると、最新情報を盛り込んだ本が次々出てきた。ページにQRコードを付け、関連動画にアクセスできる図鑑や絵本なども登場している。反対に古くても良書は、訳者や装丁を変えて改訂版を作って、読み継ごうとする動きもある。

(1) 訳者を変えて読み継ぐ〈シートン動物記〉

今泉吉晴の訳による〈シートン動物記〉15巻（童心社　2010～2011）が出た。シー

トン動物記は、1935年に初めて邦訳が出てから、訳者と出版社を変えて出版されてきた。今泉の訳文は読みやすく、巻末のＱ＆Ａの解説が人気だ。

『海べのたから』（ブッシュ　ぬぷん児童図書出版　1977）は、訳者、画家、出版社を変えて、『海辺の宝もの』（あすなろ書房　2012）となった。これからも読み継がれていくだろう。

（2）東日本大地震と福島原発の爆発事故と、新しい環境問題

東日本大震災と福島の原発事故で放射性物質により広域の土地が汚染され、いまだに除染物質が真っ黒なポリ袋に入ったまま山積みされている。いま、重金属による土壌汚染が、中国をはじめ世界のあちこちで発生している。

最近は新しい環境汚染問題が浮き彫りになった。『クジラのおなかからプラスチック』（保坂直紀　旬報社　2018）などは、マイクロプラスチックによる海洋汚染の現状を知らせ、今、何ができるかを考えさせる。

の一分野として市民権を得るようになった。

科学読物の出版事情は、社会の状況に影響され、なかでも文科省の指導要領は大きい。出版界では「科学読物が売れない」と言われて久しいが、最近40年間の出版点数は年平均300～400冊で、出版ブームの時代と変わらない。しかし、ここのところ初版印刷部数が約10分の1に減少している出版社もあるという。

科学読物は、科学・技術の進歩により、また時代とともに改定しなければならないこともある。しかし、良い本は改訂版として新情報を盛り込まれることによって、これからも長く読み継がれていくだろう。

科学読物は、一時期一時代だけの本ではない。子どもが面白いと思う本、科学的真理に目を開かせ感動する本は今後も読み継がれていく。日本の科学読物は、世界でもトップクラスの良書が揃っている。そのような科学読物が、1冊でも多く子どもの手に届くように願っている。

さいごに

"科学読物"は、この50年間に子どもの本

参考文献

（注1）科学読物とは：自然科学、工学、技術、産業などに関するものが中心であるが、図鑑、事典類、またSF、動物文学、社会の本、環境の本、科学者・技術者の伝記も入れている。ただし、教科書や、学習参考書は入れない。
　　さらに、図鑑、自然の本、データ本、料理本、遊びの本…など、子どもたちの生活に関わるものは、入れている。

（注2）（1）「子どもの科学の本の歴史」塚原博／武蔵野女子大学紀要131,p265,(1996)
　　（2）「科学絵本の50年の歴史」瀧川光治／『はじめて学ぶ日本の絵本史 Ⅲ』ミネルヴァ書房,p239(2002)
　　（3）『新・こどもの本と読書の事典』黒澤浩ほか編／ポプラ社,p41-48(2004)
　　（4）「子どものための科学読物の動向」小川真理子、東京工芸大学紀要15,p37(2009)
　　（5）『科学よみものの30年』小川、赤藤／連合出版(2000)

子ども期の《ゆらぎと再生》の時代
子どもと子どもを取り巻く環境の変化50年

増山　均（早稲田大学名誉教授）

●はじめに

　親子読書地域文庫全国連絡会の50周年を、心よりお祝い申し上げます。また今回、50周年記念誌の発行に当たり、原稿の依頼をいただき光栄に感じています。

　振り返ってみると、親地連の機関誌「子どもと読書」や全国各地の取り組みから、私はさまざまなことを学び、教えられてきました。1970年に親地連が発足し、全国的な広がりを作り出していった1970年代初頭は、親子読書・地域文庫づくりをはじめ、さまざまな「おやこ運動」が誕生・拡大していく時代でした。

　1950年代末から60年代にかけて国策として進められた高度経済成長政策によって、産業構造の激変（第1次産業から第2次・第3次産業への転換）が進み、地域の自然環境と生活文化環境が変貌し、人々のつながりが断絶して子育てに必要な住民の共同が失われていきました。子どもが育つ地域社会の生活・文化・教育環境の危機的な状況に直面して、親たち自身が自らの手によって、子どもの生活文化環境づくりと地域の仲間づくりを全国各地で開始した時代でした。学童保育・児童館づくり運動、親子劇場・子ども劇場運動、親子映画運動、子ども組織・子どもの遊び場づくりの運動などが一斉に始まり、全国に広がっていきました。

　親子読書・地域文庫運動のスタートも、その中に重要な位置を占めていたのです。最初に、この50年をトータルに振り返り、特に子どもの生活と文化・遊びの変遷の特徴について概観しておきましょう。

●子どもの生活・文化の激しい変容、
　その三つの要因

　この50年における子どもの生活の変容という視点で、まず子どもの「遊び」の変容に目を向けると、それは屋外での集団遊びから屋内での一人遊びが目立つようになったことにあるでしょう。子どもの「遊び」が戸外での集団遊びから室内でゲームを使っての少人数の遊びへと変容し始めた時期、子どもの育ちと環境の変化に関する問題把握の視点としてジャーナリストの上田融が「三つの間（空

間・時間・仲間）の喪失」ということを指摘しました（『出てこいガキ大将』共同通信社1976年など）。子どもの生活を構成する要素を、空間・時間・仲間の三つの側面から捉える上田の視点（サンマ論）は分りやすいこともあって、その後多くの子どもの調査・研究の視点として活用されました。同時期の1970年代後半になると、『子どもがダメになりかけている』（八木治郎編著　国際商業出版　1978年）、『子どものからだは蝕まれている』（正木健雄他編著　柏樹社　1979年）、『子どもたちの危機』（上田融　民衆社1980年）など、子どもの心身の発達に現れた危機を警告する書物が多数まとめられていたことにも注目しておきたいと思います。またＮＨＫ特集「警告！！こどものからだは蝕まれている！」（1978年10月9日）が子どもの生活と発達の在り方への国民的関心を一気に広げました。

　子どもの生活史を振り返った時、子どもの生活に劇的な変容をもたらした三つの大きな要因を指摘できます。一つは、先に指摘した1950年代後半から60年代にかけての「高度経済成長政策」の時代に進められた産業構造の転換（第１次産業の衰退）にともなう村落共同体の崩壊と都市化の進展です。二つ目には、学校教育への期待にともなう親の教育熱の高まりと学習塾や各種習い事の拡大です。競争主義的な教育政策の推進（例えば「全国一斉学力テストの開始」と結果の公表など）によってこの流れは加速していきました。三つ目には、テレビの普及から始まる電子メディア・ゲーム機器の普及であり、近年のパソコン・ケータイ・スマホ等のニューメディアの普及へと進化がつづいています。

　第一の要因は、子どもの生活から「労働」と「役割」を失なわせるとともに、「遊び」における集団および自然とのかかわりを希薄なものとしました。第二の要因は、「学習」時間の長時間化とともに、子どもの自由時間の縮小と放課後生活の学校化・教育化をもたらしました。第三の要因は、子どもの「遊び」そのものの質を変え、生活のバーチャル化とともに長時間メディア接触、大人が制作したストーリーとファンタジーによる子どもの文化支配をもたらしています。全体として、子どもの日常生活のバランスにゆがみをもたらし、慢性的な疲労感や、いじめや暴力につながる目に見えにくいストレスを鬱積させているといえるでしょう。

●進む日本の子どもの「孤立」と「劣化」、子ども期の剥奪

　野外の溜まり場から消えた子どもたちは、今どこにいるのでしょうか。また都市部の子どもたちだけでなく自然があふれる農山村部の子どもたちも、いま、自由になる時間の大半を、屋内で、電子映像メディアと向き合って過ごしています。こうした状況の出現は、テレビゲームが発売された1983年以降に加速され、1990年代の携帯型ゲーム機とパソコンの普及、とりわけ2000年代に入ってからのＰＣタブレット、スマホの普及は、日本の子どもたちのメディア接触時間を大幅に肥大化させ、コミュニケーションの形態を根本的に変えています。『子どもの無縁社会』（石川結貴　中公新書ラクレ　2011年）の著者は、大人も子どもも「ネットで出会い、リアルで孤立する」時代に入ったと表現していますが、ネットに引き込まれたことによる被害も拡大しています。

長年、ＮＨＫ放送文化研究所で電子映像メディアが子どもの発達にもたらす影響について調査・研究してきた清川輝基は、日本の子どもたちは「人類史上かつてなかった『人体実験』」的環境の中に投げ込まれており、その結果「子どもや若者の多面的な発達不全＝『劣化』がはじまった」と警鐘を発しています（清川輝基・内海裕美『「メディア漬け」で壊れる子どもたち』少年写真新聞社2009年）。

清川が指摘する「劣化」の実相は、①足や筋肉の劣化、②視力の劣化、③自律神経の劣化（血圧調整不良、低体温など）、④五感の中でも触覚、嗅覚、味覚などの劣化など多方面にわたって現れており、中でも特に、⑤コミュニケーション能力に著しい劣化が現れているというのです。メディア環境に取り囲まれている今日の子どもたちの生活がもたらす発達のゆがみへの注目は重要な課題であり、「子ども期の貧困」と「子ども期の剥奪」の問題といえるでしょう。

●親地連の取り組みについての研究的アプローチ

今回、親地連の50周年記念誌への寄稿にあたり、親地連の近くを歩んできたこの半世紀をふりかえりつつ、私自身の親地連のとりくみへの言及を手がかりにしつつ、改めて「子どもと子どもを取り巻く環境の変化50年」の特徴を記してみたいと思います。

1986年2月に出版した私の最初の著書『子ども組織の教育学』では、当時誕生した地域の子育て運動の動きを「地域教育文化運動」として紹介し、身近な地域での子どもの読書と豊かな文化環境づくり、子どもの居場所と仲間づくりに向けて「子ども文庫と親子読書」を重要な取り組みとして位置づけました（p.100～103）。また、『子育て新時代の地域ネットワーク』（大月書店　1992年8月）の中でも、子ども文庫は「本との出会い大人との出会い」の場とし、「〈読む〉ことで人は豊かに結びつく」ことを紹介しました。「文庫が創りだしているもの」として、①「子どもたちが自由に本を選び、読み、すぐれた作品への感動を得ながらファンタジーやイメージの世界を豊かにふくらませていくこと」、②「地域の仲間とのまじわりが保障されるということ」、③「子どもたちが、文庫活動に献身的に取り組んでいる親たちの姿を見て育ち、親たちは一人ひとり個性と輝きをもつ地域の子どもたちの成長の歩みを見つめながら生活できること」「『我が子』だけに目がうばわれやすい今日、地域ぐるみで親と子が育ちあえる場」であること、④「親自身が地域の人たちと広く知りあい、文庫活動に協力してとりくむなかで住民の連帯感がつくられ、子どもたちが健やかに育つための地域社会づくりへの目がひらかれる」ことを指摘しました（p.118～127）

これらの教訓は、現在の取り組みにも継承されている重要な教訓ではないかと思います。当時私が関係していた社会教育・生涯学習の講座では広瀬恒子さんに来ていただき、参加者のみなさんに親子読書の実践とさまざまな地域文化運動を積極的に紹介したことを思い出します（前掲『子ども組織の教育学』p.168）。

そうした私の歩みの中で、親地連の皆さんに対して直接問題提起をさせていただく機会があったことも思い出しました。その一つは1987年7月国立婦人教育会館で開催された

第6回親子読書地域文庫全国交流集会での記念講演です。(「子育て新時代の親子読書運動」『第6回親子読書地域文庫全国交流集会記録—読書は子どもにどんな力を育てるか』1987年7月26日所収)、そしてもう一つは、親地連が20年の歩みをまとめた際に「〈読む〉権利と読書運動」について寄稿したことでした(『歩んできた　歩んでゆく』20年のあゆみ　1990年7月1日発行所収)。

● 1987年の講演記録(「子育て新時代の親子読書運動」)をもとに今を見つめる

① アナログからデジタルへ

その講演の記録「子育て新時代の親子読書運動」を手がかりにすると、30年間にわたる子ども・子育て環境の変化の特徴がはっきりと見えてきます。先の講演には、当時の時代状況と子どもの育ちの姿がリアルにスケッチされていますが、小見出しを見ただけでも、その後の変化の内容を捉えることができます。

まず第1は、子どもの育ちに現れた変化です。講演記録では「驚かされる"新人類"の行動」の小見出しがありますが、当時"新人類"といわれた世代がすでに親になり、子育てを始めています。もっとも大きな変化はIT革命によりコンピューターが急速に普及・進化し、子どもたちがスマホやタブレット端末を持つ時代となり「アナログからデジタル」へ変化したことでしょう。「デジタルネイティブ」の登場により、情報との接触における世代間ギャップが激しく進みました。アナログ世代にとっては、「デジタルネイティブ」の子どもたちは"新人類"どころか"異星人"となっています。ますます進化しつづけるAI社会の到来の中で、情報メディア・

情報機器と子どもの接触の問題とリテラシー獲得の問題がクローズアップされています。メディアミックスが取りまく子どもの環境において、〈読書〉の価値がこれまで以上に問われる時代になったと思います。

激しい変化が現在進行形で進んでいる時代に、方向を見出すのは極めて困難ですが、これらの問題を解くキーワードの一つが、〈ファンタジー〉ではないかと考えています。私はこの問題について研究者仲間と、児童文学者の古田足日の「子どもと文化」という先駆的な提起(1982年)の現代的な継承と発展をめざして『ファンタジーとアニマシオン』(童心社　2016年11月)をまとめてみましたので、ご検討いただけると幸いです。

②「豊かさの風景」から「貧しさ・淋しさの風景」へ

つぎに特徴的な小見出しは「『貧しさの風景』から『豊かさの風景』へ」です。先の講演の時代は、「一億総中流」や「世界第2の経済大国」と言われて国民総生産が右肩上がりで伸びてゆく時代でしたが、その後直面した経済危機と「失われた10年」といわれる不況の中で、2000年代に入ると『子どもの貧困』(2008年が「〈子どもの貧困〉発見元年」といわれる)が大きな社会問題になりました。現在もいまだ子どもの貧困を克服できず、新たな地域運動としての「こども食堂」が全国的に大きな広がりを見せている時代です。講演の中では「豊かさの風景」のなかに「しのびよる『寂しさの風景』」「老人受難の時代」という問題も指摘してありましたが、いままさに地域社会のなかに子どもからお年寄りまで「貧しさの風景」とともに「淋しさの風景」が目に見える時代になっているのでは

ないでしょうか。

　いま大きな社会問題となっている「児童虐待」と「虐待死」をめぐる事件の続発は、貧しさ・寂しさの風景の象徴です。密室化する家庭での児童虐待やDVの背景には、産業化社会と急激な都市化のもとでの地域社会の解体と家族の紐帯の断絶があり、「地域社会の無縁化」「家族の多様化」「家庭の密室化」を生み出してきました。特に1980年代後半以降、日本社会の家庭機能は、構造的不況を背景に「自己責任」、「受益者負担」を原理とする新自由主義的改革のもとで、一段と深刻さを増しました。子育ての分野をみると、「民営化」の名のもとに子育てを支える公的支援が後退して、企業化・営利化が進んだことにより、子育て支援が商品やサービスとして提供されることで、子育ての私事化が強まりました。地域社会・コミュニティの衰弱と人間関係の分断とあいまって、子育て機能の共同性・協同性が崩壊させられています。

　一連の新自由主義的改革によって顕著になった貧困問題が、家庭の子育て力・養育力の衰弱をより一層深刻にしています。日本の子どもの相対的貧困率が1990年代半ばより上昇傾向をたどり、2012年の調査では過去最悪の16.3％になり、社会問題化しました。2013年に「子どもの貧困対策の推進に関する法律」が成立したものの、日本の子どもの貧困率は13.9％（2015年段階）で、現在もなお高い水準にあり17歳以下の子どもの約7人に1人が経済的に困難な状況にあります。

　こうした貧困が家族と家庭生活に与える影響は根深いものがあり、経済的貧困とそれにともなう人間関係の貧困が、諸問題を生み出す根源として拡大し、孤立した家庭内での児童虐待やDVなどの深刻な問題を生じさせているのです。子育ての私事化・孤立化の下で、個々の親や子ども自身の責任・病理として問題が閉じ込められ、一連の社会的排除の構造が子育てをめぐる貧困問題を世代を超えて連鎖させ、児童虐待や育児放棄・ネグレクトなどにより「子どもらしい生活」と「子ども期」を剥奪しています。孤立した子育て・密室化した子育ての脆弱性と危険性を回避するためには、親子運動が追求してきたような子育ての共同化による新しいネットワークの探求、新しいヒューマンネットワークの創造が求められています。

●子どもの権利条約と歩む時代─親地連への期待

　〈子ども期の剥奪〉の問題こそ、国連が発した日本政府への最新の勧告で指摘している問題の焦点であることを見ておく必要があるでしょう（『国連子どもの権利委員会日本政府第4・5回統合報告審査』最終所見・翻訳と解説　子どもの権利条約市民・NGOの会編　2019年3月）。

　子どもの権利条約が国連で採択されてから30年、日本政府が批准（1994年）してから25年の月日が経過したにもかかわらず、第1回目の勧告（1998年6月）の時から「きわめて競争的な教育制度が与えるストレスにさらされているため子どもが発達上の障害（disorder）にさらされている（パラ22）」との指摘がなされていました。しかし一向に改善されないまま推移し、日本の子どもを取り巻く環境はさらに悪化していま

す。国連の今回の勧告では、日本の問題は教育制度の問題にとどまらず、社会そのものの問題と捉えられ、「社会の競争的な性格により子ども時代と発達が害されることなく、子どもがその子ども時代を享受することを確保するための措置を取ること（パラ20）」と指摘されています。

豊かな〈子ども期〉の享受・実現のために「子どもの意見が尊重され」「その力を伸ばし、発揮させるような参加を積極的に促進すること（パラ22）」が勧告されています。児童福祉法の改正（2016年）によって子どもの権

利条約の精神と理念の尊重が明記されたものの、肝心の教育基本法・学校教育法にはいまだ子どもの権利条約の意義が書き込まれることなく、その精神と逆行する施策が推進され続けています。そうした時、多くの市民・NGOの歩みとともに、様々な困難を乗り越えて、半世紀の歩みをつづけてきた親地連の取り組みが、子どもの権利を保障する砦の一つとして、同時に子育ての新しいヒューマンネットワーク創造の市民運動として、さらに発展し続けていくことに期待しています。

新しい次の半世紀に向けて。

ゆたかな飛躍を

あまんきみこ
（児童文学）

創立50周年、おめでとうございます。

40周年のつどいの時、私は上京しオリンピックセンターに行きました。手帳を見ると、広瀬恒子さんと対談させて頂いた時の感謝の思いは書いているのに、その日の空模様は記していません。それなのに明るく眩しい日だった気がしてならないのです。更に手帳には、子どもと本をつなぐことを願い、声をかけあい、話しあい、文庫をつくり、それがつながり広がり、活動された方々の力、その喜びを強く感じた言葉をメモしています。あの時から、もう10年近くになってしまいました。

この2週間、私は机の上に、数冊の『子どもと読書』を重ねておいています。長い間、この誌は、私にとって大きな「窓」でした。窓をひらくことで、様々なことに気づき、考え、教えていただきました。そう思った時、いったいいつからこの誌を…と心細くなり、電話番号を押してしまいました。そして、会の方に『子どもと読書』は、はじめ『親子読書』だったことなど、丁寧に教えていただきました。「ああ、親子読書、でしたか」私は嬉しい声をだしてしまいました。間違いなく、随分長い間、この「窓」をひらいていたことを知ったからです。そんなわけで、50周年をむかえられた今、「おめでとうございます」につづけて「ありがとうございます」の言葉を書かずにはいられません。

「親子読書地域文庫全国連絡会」のこれからのゆたかな飛躍を心から念じております。

子どもとともに50年、本とともに50年

朴鐘振(パクジョンジン)
(全州教育大学非常勤講師)

みなさま、こんにちは。私は朴鐘振と申します。親子読書地域文庫全国連絡会が発足50周年を迎えられたこと、おめでとうございます。

連絡会が健在で50年をむかえられたことにおどろきと尊敬の気持ちをお送りいたします。50年間、様々な時代の変化の中で子どもと本をつなぐ実践を続けて来られたみなさんの情熱的な活動があってこそ、今日の読書環境が整えられてきたと思います。

個人的には、2000年に広瀬恒子さんが韓国でなさった特別講演で、子どもと本を結ぶ活動を初めて知りました。同年4月、韓国で子どもと本の環境を考える集まりである韓国オリニ図書研究会は発足20周年を迎えました。その記念シンポジウムで広瀬恒子代表が特別講演をなさったのです。私は、基礎教育を終えたばかりの新入会員で、日本で「すべてのどもたちに読書の喜びを」を願いにしていた連絡会の実践があることを知り、心が熱くなったことを覚えております。

親子読書地域文庫全国連絡会との関係からいうと、2009年の第17回全国交流集会のことを忘れることはできません。当時、私は韓国のヌチナム図書館の活動報告の通訳およびコーディネートを担当しておりました。報告に立った朴英淑(パク・ヨンスク)館長はヌチナム図書館が取り組んできた様々な活動をご報告いたしました。

ご存じの方もいらっしゃると思いますが、ヌチナム図書館は2000年2月、私立文庫「オリニ(こども)図書館」として出発しました。急激な都市開発のなかで、子どもたちが思い切り遊べる空間を願いながらの出発でしたが、いつの間にか市民たちのコミュニケーションの場としての役割も期待されるようになりました。開館5年目を迎えては、国内外のゲストを招き、図書館の役割や活動を考えるシンポジウムを開きました。日本からは親地連の広瀬恒子さん、東京子ども図書館の松岡享子さん、大阪青山台文庫の正置友子さんをご招待して、子どもの読書環境の充実や図書館の役割に関して貴重なアドバイスもいただきました。このご縁が2009年の全国交流集会へと繋がったのです。

その後、ヌチナムは、子どもの日常的な読書環境の土台をつくるために市民たちの力が大切になってきたことに加えて、社会の変化とともに図書館の役割もまた変わっていく必要があり、2007年には市立公共図書館「ヌチナム図書館」となりました。社会と世界を変えていく核心的な力として、民主主義の発展を支えるための原動力として、市民教育が強調される中、市民の図書館へと変貌していったのです。2009年の集会の時、朴館長は迷いと悩みの中でも、自分と志を同じくする仲間たちに出会えて大いに励まされたそうです。

ヌチナム図書館の事例は韓国の図書館活動の先駆的な形態となり、ほかの図書館を刺激・変化を導く中核的な役割を担っております。そんなヌチナムも今年で発足20年の節目の年を迎えました。図書館に来ていた子どもたちが成人して、また図書館や村のコミュニティーの原動力になる循環が作られつつあります。ヌチナム図書館の役割への期待もますます大きくなっていくことと思います。

2009年からちょうど10年たった今日、韓日両国で子どもと本を取り囲む環境は大いに変化し、新しい取り組みも試みられていることと思います。その理念と実践をより多くの人々と共有する機会がさらに増えることを願っております。親子読書地域文庫全国連絡会のますますのご活躍を期待しております。

最後に、朴館長から届いた祝賀のメッセージをお送りします。

おめでとうございます！　ヌチナム図書館の重要な節目ごとに、親地連の先輩たちから知恵と勇気をいただいてきました。今年、20歳になって、また新しい道を探している中、50周年のお知らせは、また大きな励ましとなりました。現在、「知識の動詞化」をもとに人々の日常の生活に働きかける新しい取り組みを試みております。お陰様でこれから30年は続けられるパワーをいただきました。みなさまのご健康をお祈りしながら、尊敬と賛辞と感謝の気持ちをお送りいたします。

　　　　　　　ヌチナム図書館　朴英淑拝

ヌチナム図書館長パク・ヨンスクさんと通訳のパク・ジョンジンさん

第2部

全国のなかまからのメッセージ

書き手、読み手、渡し手があつまり持ち寄り分け合う

沼田陽子（北海道　北海道子どもの本連絡会・事務局）

　親子読書地域文庫全国連絡会が、このたび創立50周年を迎えられましたことを心よりお祝い申し上げます。子どもの読書環境を整え、発展させてきた貴会の全国的な活動に、関わってこられたみなさまのご尽力に感謝いたしますとともに、今後の発展をともに歩めることを心強く感じております。

　私たち、北海道子どもの本連絡会も活動が始まって、2020年（令和2年）に活動45周年を迎えます。私自身、現在事務局を仰せつかっておりますが、連絡会歴も浅く北海道内で読書活動に尽力されてきたみなさんのことを勉強不足で存じ上げないこともあります。

　そこで、発足当時の会報から紐解いていきたいと思います。1975年（昭和50年）8月　札幌市の定山渓で「全国子どもの本と児童文化講座」開催。道内各地の教員・図書館関係者・児童文学者たちが集まり、交流を持ちました。そこで、日頃の問題点や疑問点を語り合い、孤独に活動していた個人が自分の活動の方向性が間違っていなかったことを再認識。大変に熱く刺激的で充実した時間を持ったことで、このような交流を継続していきたいと灯がともりました。1977年（昭和52年）網走にて「道東子どもの本研究交流会」開催。ここでも全道的な交流の場を求める声があり、機運が高まります。1978年（昭和53年）札幌で第1回北海道子どもの本のつどい開催。現在まで掲げられている「すべての子らに本のたのしさを」というテーマで基調講演講師に大川悦生さん。最初は、北海道子どもの本研究連絡会という名称でした。芽生えの中心にいたのが、加藤多一さん、後藤竜二さん、篠尾好枝さん、菊地慶一さん、柴村紀代さん、今本明さんなどでした。つどいでの出会いが発端になり、各地で読書サークルや児童文学研究の会が相次いで発足していきました。1979年（昭和54年）会の名称が長くて言いにくいとの理由から、北海道子どもの本連絡会となります。後藤竜二さんの東京転居に伴い、今本明さんが世話人とな

ります。このころ決められた運営体制やつどいの持ち方が、現在も継承されています。当時の会報を読むと、今でも変わらぬ情熱を持ち活動を継続されている方たちの若かりし日の奮闘が読み取れます。

　私たちの前には、いつも走り続け道を照らしてきた先達がおられました。子どもの読書活動に関心を持ち、足を踏み入れた初々しいころ、さまざまな場面であちこちの人の輪から読書や作品について語る熱っぽい言葉が迸（とばし）っていました。最初はおっかなびっくりでしたが、いつしか自分たちも同様にその議論に加わって現在に至る会員が大勢います。

　現在の北海道子どもの本連絡会は、年1回の集会「北海道子どもの本のつどい」の開催（全道各地で実行委員会を立ち上げ連絡会と共同運営）、年4回の会報「子どもの本のひろば」発行、年1回会誌「北の野火」発行などの作業を運営委員15名で担当しています。子どもの本の書き手・読み手・渡し手が集まり交流を持つ機会、情報交流の機会を丁寧に作り出すことを心がけて活動を展開しています。しかしながら、情報収集の多様さ、ライフスタイルの変化、子どもたちが接するメディアの多彩さに、活動運営が思うように進まないこともあります。そして、いずこも同じだと思いますが、会員の高齢化による減少などで規模縮小も視野に入れる時期にきているのかも知れません。

　それでも、会員全員が子どもたちと一緒に絵本を共有する時間を持って、それぞれの現場で物語を楽しんでいます。絵本の世界で想像の翼を広げる、子どもたちの瞳の輝き、表情の変化を目の当たりにした感動が活動へ継続力になっています。

図書館できた！

二階堂美惠（岩手県　ふくろうの会）

　40数年前のこと「親地連」は私にとっては大事な大事な「世間」でした。

　当時教師としての日常は、子どもたちが繰り広げてくれる変化に富んだ毎日で、それなりに充実していました。しかしある意味で自己満足気味なこともあり、狭い世界でした。外から見ている「教育の現場」と言う現実を教えてもらったのが「親地連世話人会」でした。「世話人」と言う考え方もいいなあと思えたし、2年に一度開かれる全国交流会での熱気も好きでしたし、有名作家に会えるときめきもありました。

　世話人として、機関誌の編集などに関わらせていただき、書名が『親子読書』から『子どもと読書』に変更にも立ち会いました。定時に学校を出て、松戸から下北沢まで約1時間近く電車で通う月一回の編集会議は、違う世界に入って行けるような時間でした。

　たくさんの出逢いがありました。文科省などの動きや社会の動静に敏感で、歯に衣着せぬ物言いをきっぱりとする人達、出版されている児童書に精通している人達、そして何より子どものこと、その未来に思いをはせる人達。そんなすご～い人達に出会えて、どれほど豊かな刺激を受けたか分かりません。それが私の財産となりました。

　定年退職になり母の介護で岩手に戻りまし

た。今私が住んでいるのは、岩手県の最南端「花泉」です。7つの村があって、それぞれに小中学校があったのですが、限界集落になり子どもの数も年々減って、中学校も1校になり7つの小学校も3年後には統合されます。村から学校が消えます。私の母校は2019年の全校児童は50人で、住んでいる地区25世帯に小学生がたったの2人です。

町にある図書館は、福祉センターの片隅にあり、古いほこり臭い本のにおいが漂う「図書室」でした。スタッフの人達がひと休みのお茶さえ、作業机に隠れるようにしてとるような場所でした。

しかし、うれしいことに、新しい図書館建設の企画が持ち上がっていたのです。母を看取った翌年、その企画に関わっていた方から引き継ぎ、委員会に加わることが出来ました。ところがある程度計画が進んでいたときに、あの東日本大震災が起きました。沿岸ほどではなかったのですが、住宅の倒壊や道路などの被害があり、直後は生活などへの影響もありました。

建設の計画の見直しが問われ、震災の復興が優先などの話が当然出てきました。私自身は、図書館をあきらめられませんでした。中学校の側という立地条件から、「未来への投資」として考えて欲しいと話しました。特に特徴も無い町（縄文時代の屈葬人骨が出て、考古学では有名だそうですが）なので、「子どもたちが自慢できる場所」に出来たらとも。

そして、完成した図書館は、県産の集成材をたっぷり使った、小さいながら温かな雰囲気いっぱいの建物の完成となりました。小窓から子どもの様子が見られる授乳室、催し物が出来るホール、中学生などがグループ学習出来る部屋、飲み物の自販機の設置、車いすの対応等、関わった委員の意見があちこちに生かされました。なによりうれしかったのは、スタッフの休憩室などができたことです。スタッフが気持ちよく働けることが、何より大事だとも思っていましたから。

今年で完成から5年たちました。様々な講義やイベントが組まれ、「ただ本好きの人の場所」ではなく、宮城県の県境にある町なので、県を超えての利用者もあり、かつての十倍以上の人が利用するようになりました。

企画段階から関わらせてもらえて、とても幸せでした。今は一利用者として、図書館運営協議会に関わっています。もう一つは大人のための「朗読会」を春と秋に開いています。自然がいっぱいの田んぼの中、円筒のホールが目印で、遠くの友人が来てくれると必ず案内していっぱい自慢をしています。

世界には平和を、仙台にはもっと図書館を

川端英子 （宮城県仙台市　のぞみ文庫主宰
仙台にもっと図書館をつくる会　代表）

仙台市には、明治時代に出来た宮城県図書館があるだけで市立図書館はありませんでした。殆どの人が図書館は受験生の勉強部屋と思っていました。夏冬、県図書館に並ぶ受験生の列を憂い、仙台市でも図書館をつくれと、市議会に請願が出され、仙台市民図書館が開館したのが1962年ですが、みんな勉強部屋と思っていますから、当初貸し出しをしない図書館でした。翌年やっと貸し出しをします。開館直前、東京の図書館から赴任した黒田一之、野本和子の2人の司書の奮闘で児童サービスが始まり「みやぎ親子読書をすすめる会」や子ども文庫の育成が進みます。川端宅の「のぞみ文庫」もそのおかげです。1970年に出来た「のぞみ文庫」は、根分けして地域に複数の家庭文庫が出来ます。1973年それらと宮城県中央児童館が協力し地域文庫「おてんとさん文庫」をつくり、そこでの文庫交流会が切っ掛けで「仙台手をつなぐ文庫の会」（文庫の会）が発足しました。「文庫の会」は、仙台市に対して要望を出しながら、子どもの本の勉強会の他に、仙台の図書館を発展させるための勉強会や図書館見学会を行いました。黒田さん始め図書館問題研究会（図問研）の協力で行われた図書館の勉強会で、私も初めて図書館問題に眼が開かれました。以来、図書館は民主主義を育て、平和を築く土壌を耕すことだと強く考えるようになりました。

1982年「文庫の会」を母体に「仙台にもっと図書館をつくる会」（もっとの会）が生まれました。「もっとの会」はまず、仙台市に公開質問状を出し、菅原峻先生の「新しい図書館とはどんなものだろう」という講演会を昼夜2回行い、①考える②伝える③広めるの三部会をつくり運動を始めました。1983年やっと2館目の宮城野通図書館（現榴岡図書館）が公民館図書室でなく図書館として出来ました。

その後の大きな成果は、1984年の市長選に取り組んで生まれました。「文庫の会」と「もっとの会」で図書館増設署名運動の途中、市長急逝による市長選になり、「もっとの会」有志で「市長選の現状を憂うる女たちの会」を立ち上げ、候補者擁立の口火を切り、大選挙戦になり、「もっとの会」は、両候補に公開質問状を提出、両方から前向きの回答を引き出し、1985年両会は新市長に署名と陳情書を出し、次に『図書館をもっと身近に暮らしの中に―仙台にもっと図書館をつくる会図書館構想』を提出、翌年教育長の下に仙台市図書館整備基本構想委員会が出来、両会の代表が委員に委嘱され、その答申に基づき1988年基本計画が策定され、その計画に従って図書館が増えてきたのです。

残念なのは、図書館条例に指定管理者を導入出来るとの項目記載を阻止できなかったことです。地方自治法改正を知り、2004年には学習会を独自で又「図問研」と共催で行い、市長をはじめ教育長、総務局行財政改革課、全市議会議員、図書館協議会委員に働きかけ、仙台市行財政集中改革計画（素案）に意見を

提出、新聞に投稿、「どうなる？ 仙台市の図書館‼」というパンフレットを作成配布し、最後は、市議会に「仙台市図書館に指定管理者を導入しないよう求める請願書」を提出しましたが、賛成少数で否決され、2008年広瀬図書館（分館）に、つづいて榴岡図書館（分館）、若林図書館（地区館）に導入されてしまいました。専門職の必要性を実感しました。

昨年の市長選に指定管理者導入の中止、専門職制度の実現を求める公開質問状を提出。市民と野党共闘で女性市長が誕生し指定管理は進んでいませんが、運動を止める訳にはいきません。

図書館づくりに始まった私たちの会

柴谷不二子（茨城県取手市　とりで・子どもの本の会）

"子どもに読書の楽しさを"という願いのもと地域・家庭で文庫を開いている人たちが、「取手市に公立の図書館が欲しい」という共通の願いで文庫連絡会を作りました。「図書館なんて金食い虫だ」という議員さんもいらっしゃいましたが、そのような方々とも共に日野市立図書館（東京）をはじめ、当時利用者が多かった図書館の見学や視察にも行きました。1979年7月に図書館が開館しました。

図書館ができる以前の公民館図書室にも、素晴らしい児童書がありました。これは、当時市に「市の予算で各文庫で本を選んで購入し、一年間利用したあと、市に返却する」と
いう素晴らしいシステムがあったからです。年毎に8万〜10万円分の購入図書を選んだことは、私たちが選書の目を育てる大きな力となり、市に返却された本は、公民館図書室や移動図書館で市内の児童にも利用されました。

時代とともに本の数は増えてきましたが、活字離れが進み、本を読まない子どもが増えてきました。「文庫や図書館で子どもを待っているだけではいけない」、「現在本を読まない子だって楽しさがわかれば読むようになるはず」、「本が好きでない子に本の楽しさを知って欲しい」という強い願いで、図書館や教育委員会に何度も足を運び、小学校への「訪問おはなし会」が実現しました。

訪問おはなし会は、図書館が各小学校に案内を出し、取りまとめをします。3年生を対象に（希望があれば他の学年もOK）授業時間45分を活用し、本を伝えます。図書館（教育委員会）からの案内ということで実現できる会です。

また、現在取手市内のすべての小中学校（20校）に司書が配置されています。この「学校司書の配置」は、文庫連絡会結成以来、私たちをリードし続けてきた有田道子さんの粘り強い努力の賜物です。さらに、各地で「学校司書を」と願い続けている人々の状況をキャッチして、伝えてくれた当時の親地連世話人・

秀城素子さんの力も大いに役立ちました。

　一人ひとりの考え方は違っても、「本が好き、子どもに本を伝える人でありたい」の一点で会は構成されてきました。はじめの名称は「文庫連絡会」でしたが、地域のさまがわり、家庭の事情などで文庫数が減り、「文庫をやっていない人は加入しにくい」との声もあり、2005年に「とりで・子どもの本連絡会」と改称。さらに2016年に「とりで・子どもの本の会」としました。

　会の名称に「とりで」と名前がついていますが、会員は取手市に住んでいない人もおり、一時間かけて参加してくれる人もいます。会員は個々に、学校（朝・昼休み）・保育所・子育て支援センター・ブックスタートなどで、「子どもに本を」と独自に活動を続けており、毎月の定例会はエネルギー充電の場です。

　2017年秋から、取手市立図書館は"ほんくる"の事業を始めました。"ほんくる"は、図書館に行かなくても、自宅で蔵書検索した本も、「市内図書館にある本ならば、学校図書室に届けてもらえる」、公立図書館と学校図書室が日常的に連携できるシステムです。学校司書がいるからこそ実現できたしくみです。

　私たちの願いから生まれた図書館が、こういうシステムを全国に先駆け完成してくれました。

　「よい図書館を作るのはよい市民」と言われます。今までのよい関係を保ちながら、"子どもに読書の楽しさを"伝える活動をしていきたいと願います。

＊

　2014年　子どもの読書活動優秀実践団体として文部科学大臣表彰
　2017年　野間読書推進賞（団体の部）受賞

居場所を作った私たち

● ●

赤松　薫（千葉県印西市　内野なかよし文庫）

　1984年3月のおわり頃から、住宅公団によって開発された、千葉ニュータウン駅南北の町で、新入居が始まった。現在10万人が暮らす印西市は、まだ人口2万人の「印西町」だった。私達が住み始めた駅南側は、集合住宅が立ち並ぶ「団地」だった。若い世帯を迎えるべく、区域内に公立の小学校と私立の幼稚園が整備されていた。

　その幼稚園に子どもを通わせる一人の母親が呼びかけた。

　「ここは自然が豊かで、子どもをのびのび育てられるけど、もう一方の文化が十分とは言えない。公民館は遠いし、図書館はない。みんなで子ども文庫を作って、そこが、子どもには本がある遊び場となり、大人はそこで集まって、話し合ったりできるような関係を持てるといいんじゃないかしら」

　彼女は、以前住んでいた所で、文庫を利用していた人だった。

　呼びかけに応じた24人の母親が、本を集め、本を置く場所を確保し、1984年9月17日、"本と子どもを仲良しに"となかよし文庫は始まった。団体貸出制度はなかったが、公民館図書館が応じてくれ、たくさんの子どもたちが、たくさんの本を借りることができた。その同じ場所で「毎週月曜日の午後3時〜5時開庫。ひとり3冊の貸し出し」という

形が今日まで続いている。

　文庫での活動の他に、「子どものいる所へおはなしを運ぼう」と、地域の保育園・幼稚園・小学校へ、よみきかせの出前にも行った。小学校のよみきかせは、1年生の1学期は私たちが始め、2学期からはクラスのお母さんが引き継ぐ形にし、今も続いている。

　そして、子どもの文化に関わる団体で結成した「印西子どもの文化連絡会」では、更に地域を越えた活動を計画し、公民館まつり等に出掛けて行き、よみきかせから人形劇まで、たくさんのお話を届けた。

　活動だけでなく、学習の機会も作った。「印西子どもの文化連絡会」の仲間が、親地連に所属していて、活動を支えていくには学習も必要と、公民館図書館に相談し、親地連の先輩たちを講師として、何年も本・絵本の連続講座を実施した。

　この講座で、私たちは子どもの本・絵本のジャンルを知り、選書の指針を得、本・絵本の輝くような喜びを知った。この講座は、活動を続けていく、ひとつの大きな力になった。34年の活動を振り返ってみて、自分たちで考え、資金も作り、小さな力を合わせて、願いを持って活動を続けたことで、やれたなと思うことがある。

　地域の小学校で、親によるよみきかせが定着したこと・子どもたちにたくさんの本を紹介したこと・「文庫」というものを体験した子が育っていること・本のある居場所を作ったこと。そして今もあること・本を仲立ちにした、人と人とのつながりを、いくつもいくつも作ったこと。

　子どもたちが来ない日も、「文庫のおばちゃん」は文庫を開けてきた。子どもたちが、決まった時間に文庫に来られるように。子どもたちが遠慮なくいられる場所が、たくさんあった方がいい。「居場所がない」ではなく「居場所がある」を作った。「ある」というのはスゴイと思う。こんなにささやかでも。

　そして、ここに本があることを、とても心強く思う。

　本・絵本に、子どもの気持ちを満たすものがあるから。本・絵本に人と人をつなぐ力があるから。本を一緒に読むと、笑っちゃうから。

　これからも、いつものように地味〜に、なかよし文庫は続いていくと思う。

50年をふりかえって今思うこと

田倉京子（東京都練馬区　ねりま地域文庫読書サークル連絡会事務局）

　親子読書地域文庫全国連絡会50周年おめでとうございます。

　ねりま地域文庫読書サークル連絡会も2019年50周年を迎えます。

　50周年記念事業として2019年3月に広瀬恒子さんをお招きして講演会「子どもになぜよい本が必要か再び」を開催しました。7月にはさくまゆみこさんの講演会「子どもの本にできること」を開催しました。また、「ねりまの文庫50年展」を区内3か所の図書館で巡回展示いたします。50周年記念誌も発行する予定です。

　私たちは、50年間ずっと　①公共図書館の充実　②会員相互の交流　③学習を活動の三本柱としてきました。さらに2016年に学

校図書館の充実も活動の柱に加えました。

　日頃私たちは、家庭や地域の児童館などで文庫を開き、子どもと本を結ぶ活動を続けてきました。しかし文庫や図書館にくる子どもはほんの一握りで、もっとすべての子どもが本と出会える場所が学校図書館ではないかと遅ればせながら考えたのです。学校図書館は、そこに学校司書がいて授業の支援を行なったり、一人ひとりの子どもの読みたいに答えることができれば、子どもたちが自分の頭で考え、自分の言葉で話し、自分で行動するための大きな働きをすることに気づいたのです。学校図書館充実のためのねりま地域文庫読書サークル連絡会の歩みはまだまだですが、練馬区の学校図書館がよりよく運営されていくためにはどうすればよいのかをこれからも考えていきたいと思っています。

　また、私たちは、教育委員会の委託講座を利用して、毎年区民の方にも開かれた子どもや子どもの本に関する講座を企画・運営して、区民の方とともに学び続けています。

　公共図書館の職員の方々とは、ねりま地域文庫読書サークル連絡会発足の頃から情報交換をしたり、子どもの本について学びあったりしてきました。そして今でも練馬区の図書館と文庫が選んだ本のリスト「よんでみようこんなほん」を毎年発行しています。

　50年をふり返ってみますと、初代代表の阿部雪江さんを始め、文庫の先輩の方々が地道に声をあげ、勝ち取ってきたものの恩恵を私たちが今受けているのだと思います。

　たとえば、私たちは毎年練馬区文庫助成要綱により最大70冊の助成本をいただいていますが、これも先輩たちが必要だと声を上げてくださった賜物です。

　12館1分室ある練馬区立図書館の3館目からは図書館の建設懇談会に住民が参加し、それぞれの地域にふさわしい図書館が建設されました。これも先輩たちの区への働きかけがあったからです。しかし12館目の建設の時に指定管理者制度が導入され、現在12館1分室中9館1分室が指定管理館となり、さらに2館も指定管理となることが決まりました。

　これで直営館は1館となってしまい、現在この直営館のカウンターは業務委託されています。そこで、2018年11月に「区職員による区立図書館のカウンター業務の存続に関する陳情書」を区議会に提出しました。

　これから私たちは練馬区に中央図書館を含む図書館計画をきちんと立ててほしいことなどを要望していくつもりです。

　どの文庫も来る子の低年齢化が進んでいます。放課後子どもプランにより子どもたちの放課後の過ごし方も変わってきています。

　それでも一人でも多くの子どもに本の世界でわくわくしたり、違う世界を知ったり、深く考えたりする楽しみを味わってほしいと思います。

　高齢化などにより閉じる文庫も増えていますが、私たちの活動の四本柱をいつまでも大切にして、家庭文庫や地域文庫だけでなく、広く子どもや子どもの本にかかわる方々と手を結び、学びあい、意見を交わしながら活動していきたいと思っています。

すべての子どもに読書の喜びと豊かな読書環境を!

松下道子（東京都世田谷区　元世田谷親子読書会／現子どもの本を読む会）

　親子読書地域文庫全国連絡会（親地連）創立50周年おめでとうございます。

　50年前といえば、私は、その1年前の1968年9月に世田谷区成城・砧地域で発足した「世田谷親子読書会」の中で、広瀬恒子さん、富本京子さん、（故）山田よし恵さん、少し遅れて三木三江子さんたちと一緒に、読書運動をしていました。この時期、親子で一緒に読書をしようという活動は高揚期でした。「世田谷親子読書会」ができて1～2年の間に、区立砧図書館のまわりにも、さらには関東、関西を中心に全国にわたっても、「読書会」「地域文庫」活動が次々と燃え広がっていきました。その中で、全国的拠点づくりや創作児童文学の普及を目的に、1970年4月、「親地連」が設立されました。その時の感動、喜びは、今でも忘れることができません。その後の読書運動のスローガンとなった「すべての子どもに読書の喜びを!」を心に刻み込みました。

　当時の「世田谷親子読書会」のメンバーたちは、仲間の広瀬さんが「親地連」初期の頃から中心となり活動していたので、全面的に協力していこうと誓いあったものです。当時の執行部をあげて、「親地連」の活動に、たとえば全国交流集会、ともだち村実行委員はもちろんのこと、機関誌『子どもと読書』の編集委員になったりして、協力していました。「親地連」の発足当時、ともに活動しながら太いきずなで結ばれたことを今でも誇りに思っています。

　その後、10年、20年経ち、「親地連」と「世田谷親子読書会」とは親戚づきあいの関係になり、何かあるといつも相談にのってもらっていました。私の心の中では、「親地連」はいつの間にか、実家のようになっています。

　1974年3月、「世田谷親子読書会」では、子どもたちが卒業したあと、OBの母親たちが、子どもたちにとっての良書とは何か、選書した本をどうのように次の世代に引き渡していけばいいのか、望まれる読書環境を守るためには何をすればいいのかという問題を問い続けたいと、親の勉強会「子どもの本を読む会」を設立しました。その際、新入の会員が、「会のたびごとに読書運動をしているのだからと言われたことが新鮮だった」と感想をもらされていたことを想い出します。この「子どもの本を読む会」も今年で45年目になりますが、相変わらず、「親地連」とは深いつながりをもって活動しています。

　想い出すのは、1984年の「世田谷問題」です。世田谷のある区議が、親子読書会用の図書を「偏向」していると非難し、このような本を区の図書館が税金で購入するのは問題であるということを区議会で発言し、それに対して、「親地連」や「世田谷親子読書会」の会員が、いち早く反論し、全国的な支援もあって、結局、その区議の発言は取り下げられたという事件がありました。この問題を乗り切れたのも、「親地連」との連携、連帯の賜物でありました。

　最近のことでいえば、2～3年前より、世

田谷区から、読書運動の中心的な場であり続けた区立砧図書館の民営化（指定管理者制度）が提案されました。「親地連」や「子どもの本を読む会」の会員たちは、この区の意向に対して、知と学びと文化の情報拠点としての公立図書館の意義を再認識し、民営化反対の姿勢を示しています。民営化問題は今後厳しい状況が予想されますが、50年を迎えた「親地連」からいただいた沢山の宝物を大きな糧として、民営化反対に向けて、がんばっていきたいと思います。

親地連と歩んできた、山梨の子ども読書活動

浅川玲子（山梨県　NPO法人山梨子ども図書館顧問）

　2018年11月に『子ども文庫の100年』（高橋樹一郎著　みすず書房）が出版されました。この本は（公財）伊藤忠記念財団と（公財）東京子ども図書館が、共同で行った「こどもBUNKOプロジェクト」をもとに出来上がった本です。

　私は1962年から山梨県立図書館に勤務し、自宅で1971年から現在までやまばと文庫を開設しております。1960〜80年にかけて、全国に母親たちの力でこども文庫がたくさん出来ました。本を開くと、親子読書地域文庫全国連絡会・日本子どもの本研究会・日本親子読書センターをはじめ、懐かしい方々のお名前が次々に出ていました。

　このたび私は、親地連とともに歩んできた

50年の山梨の子ども読書活動と山梨県内の図書館の状況をお知らせいたします。

　私は1962年から山梨県立図書館に勤務して、10年間は子ども室担当でした。公共図書館のすべての資料に精通することは大変なことなので、私は子どもの本の専門家になることに心がけました。当時は山梨県内には図書館が少なく、相談できる人はいませんでした。情報の眼は東京に向いて、日本子どもの本研究会を知り、「子どもの本の学校」へ休まず通いました、そこで親地連に出会えました。私は、山梨県全域の子どもの読書を進めるには、一人では出来ないことを知りました。その頃偶然の出会いで、今は亡き横森サチさんと知り合い、1972年に山梨子どもの本研究会を発足し、県内の教師、母親たちが集まって、月1回の学習会が始まりました。毎月の例会は、現在も休まず学習しています。

　この頃甲府市内には、山梨県立と市立図書館はありましたが、図書館に遠い地域の子どもたちのために、市内に子ども文庫が24文庫開設され、図書館から250冊の子どもの本が配本されることがメリットでした。1980年に甲府文庫連絡会が発足しました。各文庫を会場に、文庫の状況や情報交換して、やがて新図書館建設の要望まで、例会で話し合いました。

　その後、子ども文庫は、市民からの要望に応えて、甲府市立図書館が、現在地に開館される頃には、10館までに減り、現在は4館になってしまいました。その中の1館は5年前に新設され、小学校と団地が近くにあり、毎週土曜日に1日開館しているので、子どもが大勢集まってきます。

　現在甲府市の学校図書館には、司書資格を

持った学校司書が、嘱託職員ですが、必ず1名配置されているので、子どもが毎日通う学校で、司書の先生と相談しながら、本を借りることが出来るのです。文庫の数が減り、利用する子どもは減っていますが、甲府市、山梨県では、小中学校に司書が必ず配置されていることは、全国で誇るべきことと思っております。

山梨県内に公共図書館が続出して、各図書館には絵本の読み聞かせグループが発足、司書とボランティアで、週1回、月1回の読み聞かせの集まりが行われるようになりました。子ども読書年（2000年）をきっかけに「図書館ボランティア山梨」が発足しました。2005年には、「NPO法人山梨子ども図書館」が設立、子どもにすぐれた本を手渡す大人を養成することを目的としています。県内の子どもの読書関係の団体が結集して、2012年開館した山梨県立図書館に、子ども室の機能に加えて子ども読書推進センターの併設を要望して、念願が叶いました。このことで県立図書館が県内全域の子ども読書の啓発活動を積極的に行うようになりました。

現在山梨は、子どものために家庭では「家読」、学校では司書が配置されている学校図書館があり、地域の公共図書館は読み聞かせやお話会を中心に、すべての子どもたちにさまざまな催しが行われています。

最後に親地連設立以来50年間、長い間代表をしてくださった広瀬恒子さんは、地方にいる私たちにとって、かけがえのない存在です。子どもの読書に対する思いと、子どもの本の選択眼のすばらしさは驚くばかりです。山梨には年に1〜2度は必ず来てくださるので、山梨の子どもの読書の強力な応援者なの

です。今後も私は会員として山梨の子どもの読書を守って行きます。

「じゃりんこ文庫」の子どもたち

乾　京子（滋賀県大津市　じゃりんこ文庫代表）

私は1985年、エバーグリーン文庫を開設し、その後、転居先にて1994年「じゃりんこ文庫」を開設した。

「おばちゃん、高校の修学旅行で北海道に行ってきた。これ、お土産」。「おばちゃん、成人式で帰ってきたし、寄ってみた。」スーツ姿の青年にびっくりする。この子たちが文庫にやって来ていた頃は、「じゃりんこ文庫」も一番賑やかだった頃。どったんばったんと取っ組み合いのけんかもあった。体の半分もある大きなトロルやがらがらどんを作って、クリスマス会でペープサートの上演をしてくれたこともあった。あいさつ代わりに、玄関を入ると壁をよじ登って階段の手すりを滑り降りて来て、「こんにちは」という子もいた。本は、そっちのけで将棋を指したり、新聞紙を丁寧に丸めて剣を作ったり、盾も作ってチャンバラを始める子もいた。

あの頃、「大津おはなしのとびら」所属の岸本篤子さんが毎週のようにお話を語ってくださった。最初の頃、なかなかおはなしを聴く態勢にならなくて、「もういいです。今日は、お話はやめます」と〝おはなしおばちゃん〟が帰ってしまわれたこともあった。

「はて、どうしたもんやろなぁ」絵本おばちゃん（私）は、にこにこと眺めているだけ。しーん、として、その後、子どもたち同士で話し合いもあって、なんと次回からは、子どもたちがお互いに「静かにしろよ。お話が始まるよ」と注意するようになった。当の岸本さん、「私もまだお話を始めて、日も浅く、ここで鍛えられました」とおっしゃる。今は、子どもたちがどんな状態であろうと「聴かせてしまう」おもしろいお話を語る達人です。字を覚えたばかりのＡちゃんが、さとうわきこ作『るすばん』を読んでくれたこともあった。一字一字たどるように読む様子を見て、「お母さん、代わってあげようか？」としびれを切らしておっしゃる。「いや！Ａちゃんが読む」。そこで、じゃりんこおばちゃん登場、「みんなもいいかなぁ、ちゃんとお終いまできいてくれるかな？」「いいよ」。

Ａちゃんは、最後まで読み切り、聞いていた子どもたちから拍手。ぱあっと笑顔が広がった。それを見ていた２歳のＫちゃん。「私も読む」。おかあさんが「無理です。この子まだ字も読めないのに」。でも、Ｋちゃん、『はらぺこあおむし』を持って、階段の上、いつも紙芝居を見ている自分の定位置に腰かけ、他のみんなは上を見上げて、Ｋちゃんの『はらぺこあおむし』を聞いたのです。Ｋちゃんは字は読めないけれど、毎日おかあさんに読んでもらって、すっかり言葉が体に入っていたのでした。

階段滑りも、壁のぼりや、新聞紙の剣や盾、紙芝居や読み聞かせ、大きいおにいさんやおねえさんのやっていることをじっと憧れの目で眺めていた小さい人たちも、座布団やおにいさん、おねえさんの力を借りながら、だんだんに自分でやってみるようになり、自信がつく頃には、次の小さい人たちが憧れの目でみている。「じゃりんこ文庫」の子どもたちは、こうやって次々巣立っていきました。

ご実家が東京で、３人のお子さんを一生懸命育てていらした方から、こんなことを言われた。「母親の私だけでなく、他のもう一人が子どもの成長の過程を見ていてくださった…ということが、自分もほめてもらっているようでうれしかった」と。

私こそ、文庫を続けてきたことで、子どもたちの成長の現場に立ち会わせていただけたことは、大いなる喜びとなっている。あの子、この子と次々浮かんでくる子どもたち、この紙面では書けなかったけれど、「じゃりんこ文庫」の子どもたちから、いっぱいの幸せをいただけたこと、この紙面を借りて感謝の気持ちをお伝えしたい。みんな、ありがとう。

46年目の京庫連に思う

後藤由美子（京都府　京都家庭文庫地域文庫連絡会代表）

2018年の秋から46年目に入る（！）京庫連は、現在40の文庫・お話会などの団体会員と96名の個人会員の連絡会である。多い時には200を超える文庫を数えることもあったがそれは遠い昔のこと、しかし時代の変化を経ても、連絡会は変わらず活動を続けている。

連絡会は、日々子どもに接する会員が、子

どもを知り、子どもの本を知る学びの場、子どもと楽しめる実技（工作や折り紙、紙芝居など）を伝える場、お互い交流し情報交換をする場を提供し、手書きの会報『京庫連だより』を年10回発行し、会員の手元に届けている。

そもそも京庫連の活動の3つの柱は、「学習・交流・要望」であった。1973年発足から特に10年ほどは本当に活発に図書館運動が行われていた。「子どもの身近に本を」の熱い思いが、眠っていた府立資料館の児童書を府立図書館に移管させ、団体貸し出しの本として文庫に貸し出させる、また社会教育費の図書費を大幅増額させる成果を上げていた。それまでがお粗末すぎたからでもあるが、この運動を担った母親たちは、自分が動けば社会が変わる実感を持ったと思う。その後も様々に活発に活動している様子は、今見てもまぶしいほどだ。

また文化都市京都の七不思議といわれた図書館のない京都市であったが、民間からの土地の寄付でようやく京都市に図書館建設が動き出した時、市が打ち出してきたのは、"図書館法の縛りを受けない、柔軟な民間の運営"とうたう日本で初めての民間委託の図書館だった。市民や図書館関係者とともに、この時期の京庫連は委託反対運動に大きく揺れていた。

さらにもう一度、京庫連が強く図書館に要望した時がある。それは、阪神大震災で大きく損壊した府立図書館の建て替えの時である。しっかりしたビジョン、府全体の図書館構想もないまま、現地で改修するもので、本当にあり得ないことに児童サービスを停止、児童室をなくしてしまう、というものだった

のだ。この時も6年間にわたって反対運動と、様々な申し入れを、他団体や作家・学者・市民で作る「新京都府立図書館の建設と京都府の図書館振興策を求める会」（以下「求める会」）が担って展開した。しかし、京庫連全体が一つになって運動したかというと「求める会」に任せてしまったのではないだろうか、という思いがする。会員が一致して「運動する」ということがだんだん難しい時代になっていたのだと思う。

こうしてみると、3本柱のうち、要望活動（運動面）は今の京庫連は弱くなっている、という感は否めない。しかし運動の成果で各地に図書館ができた。予約も便利になり、身近な図書館で他館の本も取り寄せられて、今は普通にインターネットで予約でき、お知らせも来る。赤ちゃんのための時間もでき、お話会もある。身近な図書館に要望してきた細かな要望、届けなかったら実現できなかったかもしれないいろいろなことが普通にできるようになっているのが嬉しい。若い人はこれが当たり前と思っている。ちょっと前はこういうことを「私たちは要望書に書いていたのよ」と話すとすごく感動してくれた。話さないといけないんだなあ、そしてまた次なる要望をその人たちが届けてくれるように伝えていきたい。

あと二つの柱、学習と交流は、変わることなく継続している。いろんな人が自分のテーマを持って学び、みんなに広げている。2018年の春には、長年取り組んできた京都のわらべうたを絵本に作った人がいる。赤ちゃん絵本のブックレットを日本中に広めて得た収益をまた次の学びに託してくれたグループがある。いろんな思いをつないで、知

恵を出し合い支え合い連絡会も頑張っている。30年、40年続く文庫もあちこちにあり、文庫という「場」の魅力をつくづく感じ、「人」という財産に感謝する日々である。

大子連のあゆみとこれから

森本典子（大阪府　大阪府子ども文庫連絡会代表）

　親地連の活動50周年、おめでとうございます。

　「どの子にもよい本を、よい読書環境を！」と願い、1976年に発足した大子連は、今年で43年目に入りました。昨年「大子連40周年記録誌」を発刊し、2007年から10年間の活動のあゆみをまとめました。記録誌を作成する過程で40年間を振り返り、わたしたちの活動が、多くの方たちに支えられてきたことを、改めて実感しました。

　2009年度の公開講座「子ども・本・未来に向けて－考えよう、大子連のこれから…」の講師・親地連代表（当時）広瀬恒子さんには、子どもと本をつなぐ活動を続けていくことの意義や課題について、熱いメッセージと気づきをたくさんいただきました。大子連よりも長い歴史をもつ組織をひっぱってこられた広瀬さんの言葉には、子どもの本がつなぐ仲間たちとの信頼感、子どもの本のもつ大きな「力」があふれていました。

　40数年前、まだ図書館が少なかった時に、子どもたちに本やおはなしの喜びを手渡した

い、その喜びを共有したい、との思いから各地で文庫を開いた人たちが集まり、大子連の活動を始めました。その力は行政を動かし、地域に図書館をつくる原動力となりました。

　その後、子どもたちを取りまく社会の状況が日々変化していくなかで、わたしたちは先輩たちの熱い思いをひきつぎ、学びを重ねてきました。

　大子連活動の要である年7回の児童文化講座では、多彩な講師の方たちから「子どもの本、おはなしのもつ力、楽しさ」を語っていただきました。そして、年2回の公開講座では、公共図書館、学校図書館について、様々な視点からお話をうかがい、合わせて各地域の実践報告や情報交流も行ってきました。2013年度に、大阪府内全ての公立小学校を対象とした学校図書館アンケートを実施しました。このアンケート結果は、その後の各地の学校図書館充実にむけて活動推進の参考にしていただけたのではないかと思っています。

　2015年は児童文化講座が大阪府立中央図書館、大阪市立中央図書館との共催事業となり、大子連にとって節目の年でした。現在、年9回講座の内4回は大阪府立中央図書館、5回は大阪市立中央図書館を会場とさせていただいており、両館とのつながりがより深まったと感じています。

　近年、大阪府内の各地域では文庫の減少や活動の担い手の高齢化など、先行きに不安を覚える声が多く聞かれるなか、学校、図書館、地域との連携で、「えほんのひろば」「ビブリオバトル」などの新しい取り組みが始まり、明るい話題となっています。講座での学びが、活動をつづけている人たちの力となるよう、わたしたちはこれからも、広い視野を持って

講座を企画していきたいと思っています。そして、ひとりでも多くの子どもたちが「生きる力、希望となる本」に出会えることを願っています。

『ちいさいおうち』から半世紀

平井冨久子（奈良　生駒市子どもの本連絡会・かしの木文庫）

　1960年代後半のある日、2歳と3歳になる息子たちとテレビを介して出会った『ちいさいおうち』。—こんなにすばらしい絵本を一人でも多くの子どもたちに出会わせてあげたい！—その時の感動が、今に続く私の文庫活動の原点となっています。当時住んでいた奈良市郊外の新興団地は、若い家族が多く入居していて、自治会で知り合った同世代の母親たちと文庫を立ち上げました。旧市内にある県立図書館に何度も足を運び、やっと定期的に団体貸し出しを受けられたのは3ヵ月に30冊。本の交換日は手分けした本をそれぞれが風呂敷に包み電車で往復したことから、仲間うちでは「ふろしき文庫」と言っていました。団地の集会所でオープンした文庫開設の日の情景を、今も忘れることができません。1時間も前から集会所の前は大勢の子どもたちであふれ、今日は一体何があるんだろうと思っていると、みんな文庫にやってきた子どもたちでした。図書館からの借り受け本と、わずかばかりの寄贈本はあっという間になくなりました。自治会からの助成金や寄付、バ

ザーの収益金で少しずつ蔵書を増やしていきましたが、週1回の文庫の日の混雑は続きました。本好きの子はもちろんのこと、さっきまで友だちと団地の中を走り回っていた子どもたちもみんな文庫にやってきて、読みたい本を夢中で探しました。世話役の私たちも、子どもの本についての講演会や研修会があれば出かけていき、仲間を求めて親地連に入ったのもこの頃です。子どもたちで溢れていた団地で、自治会からは大きな期待と信頼を受けて、文庫は順調に歩み始めました。そして2年後、私はとなりの生駒市に転居しました。

　人口3万の市政をしいたばかりの生駒市は、行政の窓口や住民の感覚はゆるく、保守的な面も多く、新しい取り組みには驚くほど慎重でした。大きな地域差をひしひしと感じながら、2つの文庫をつくり、いくつかの文庫の立ち上げにも加わりました。80年代はどの文庫も子どもたちの熱気であふれていて、本との出会いの場だけでなく、子どもたちが心から自由になれる広場でもあったと思います。たった一人での担当課への要望から、連絡会を結成して最盛期9文庫が存在した生駒市子どもの本連絡会からの要望書提出へと、仲間と共に図書館建設などをなん年も粘り強く訴え続けました。あろう事か政党絡みと誤解されて落ち込んだりしたこともありました。その内に行政側の理解者も現れ、35年経った現在、人口約13万になった生駒市には、本館の他に分館2、分室2があり、図書館はすっかり市民の暮らしの中にとけ込んでいます。赤ちゃんから高齢者までの生涯学習の拠点として、また、情報センターとして中心的な存在です。子どもたちの読書環境をより向上させたいとの思いを一つに、連絡会

全国のなかまからのメッセージ

と図書館は子どもたち向けのサマーフェスティバルを共催で行い、種々の行事でも協力しあっています。連絡会は社会教育委員会や子どもの読書推進連絡会議のメンバーにもなって、市立の小中学校（20校）に学校司書を週3日配置にこぎ着けました。図書館や学校の図書館（室）の充実が進む一方で、文庫には子どもが来なくなり、市内ただ一つの文庫になったかしの木文庫は、就園前のお子さんとお母さんを対象に〝わらべうたと絵本の会・たんぽっぽクラブ〟を20年近く続けています。

　気が付けば半世紀。子どもと本を結ぶという希いは、その折々に出会ったたくさんの人たちと共に歩み続けることで、一つひとつ実現していきました。あまりにも速い社会の変化に戸惑いながら、子ども時代にいっぱい本を読んで欲しいとの変わらぬ願いを胸に模索する日々です。

私たちの文庫連
―今までとこれから―

● ● ● ● ● ● ● ● ● ● ● ● ● ● ● ●

庄野昭子（香川県　香川県子ども文庫連絡会）

　「親地連」50歳！　私たち香川の「文庫連」は誕生の翌年にお仲間に入れて頂いたので、36年間お世話になっております。感謝とお祝いを申し上げます。

　はじめに、我が会の世話人で会計担当の赤尾幸子より「文庫連のあゆみ」を、次に同じく世話人の石原ミエ子より「かめさん文庫」

の活動を報告いたします。

　1982年4月、香川県立図書館から団体貸出を受けていた文庫主宰者や親達が中心となって、10団体12名で連絡会結成。県立図書館で毎月定例会を開き、会報誌を（当初は不定期、後に毎月、現在は隔月）発行。伊藤忠記念財団の助成金で「文庫連による児童書推薦セット」を作って回覧。「ユネスコライブラリー100」の寄贈を受け各文庫の蔵書を充実。1984年開始の「文庫キャンプ」は今も子ども達中心で計画と運営。「子ども文庫まつり」は1985年から毎年県内各所で開催。作家の講演会やワークショップ、「伝承手づくりおもちゃ」「おはなし会」「本の展示」等は、大勢の親子で賑わっている。また公共図書館や学校図書館の充実を願う運動を展開、その成果を広げつつある。同時に他団体とのネットワークを結び、情報の発信と共有に努めている。

　「子どもの読書活動優秀実践団体」（2002年文科省）、「本との出会い応援大賞」（2006年香川県）、「教育文化功労団体」（2008年高松市）、「図書館を支援する団体」（2014年日図協）等を受け、メンバーの励みとなる。

（赤尾幸子）

　文庫連の末っ子として誕生した「かめさん文庫」は先輩達に見守られながら、毎週子ども達と本や遊びの10年を刻んだ。近年の文庫の減少や開店休業状態が残念なだけに、なんとか末永い継続と充実を図ろうと模索する日々でもあるお楽しみイベントでは「昆虫はかせ」や「絵本作家さん」を囲んだり、工作教室等も続けていきたい。また、子育て支援

に関してもっと具体的な取り組みを、例えば赤ちゃんや就園前児を持つ母親に文庫として何ができるのか、子育てに不安やつらさを感じる人に何かできないだろうか等、いろんな人に相談し考え合っていきたい。その一歩として今年度は「赤ちゃん学」に一家言ある小児科医さんをお呼びして、気軽なおしゃべりの場を計画している。　　　（石原ミエ子）

　『人生に必要な知恵はすべて幼稚園の砂場で学んだ』、ずいぶん前に読んだ本のタイトルだが、ちょっと変えて一人つぶやいてみる。「人生に必要なおもしろさはすべて文庫連からもらった」と。むかし、転勤族で子育て真っ最中の私は、隣家に住むやっぱり子育て中の松崎洋祐さんと友だちになった。松崎さんはやがて、念願の文庫を開き、文庫連をつくって事務局を引き受けた。私は時々のぞき、少し手伝うようになった。おかげで幼児から年配者まで、異年齢の友だちがいっぱいできた。結局、数年後には我慢できずに（？！）私も文庫を始め、文庫連に加わった。文庫連ではみんな、些細な事でも何時間も話し合ってはぶつかり、泣いては笑った。走ったり立ち止まったり、またのろのろ歩いた。いろんなことをずうっと一緒に、あきらめずに地道に取り組んだ年月は本当におもしろかった。けれども、吉田正彦さん、松川容子さんが、さらに5年後には松崎さんが突如逝ってしまった。「親地連40周年記念誌」に松崎さんは、「常に幅広く子どもの問題を考え子どもを守る姿勢をつらぬいておられる広瀬さんには大きな影響を受けた」、「広瀬さんに恥じないように活動してきた」と書いている。そんな松崎さんが道をつけた文庫連と、その仲間がそ

ばにいて、広瀬恒子さんはじめ多くの仲間が遠く全国にいる。そのことが今の私をあたたかく支えている。　　　（庄野昭子）

はかた文庫 （小学校地域開放図書館）のあゆみ

中島芳子（福岡県福岡市　はかた文庫）

　福岡市博多区にある「はかた文庫」は、小学校の図書館の一角にあります。休校日の土曜と日曜日に、他の地域開放施設（音楽室、図工室、体育館、運動場など）と同様に地域の人は利用できます。地域開放事務局と図書館、運動場には有給で人が配置されます。図書館開館時間は土曜日が13〜17時、日曜日は10〜15時です。本は福岡市の総合図書館から貸し出し1000冊、持ち本1500〜4000冊くらいです。選本は現在は6ヵ月に1回。配本された中から一部を小学校の教室に配置しています。本は幼児から大人向けまであります、本はすべてバーコード貸し出しです。

　ここまで書くと、これって文庫なの？　図書館じゃないの？　と思われるかもしれませんが、文庫です。図書館のように週6日も開いていないし、開館時間も短く、リクエストには即、答えられない。また、専門の司書もいません。ただ、運営メンバーには司書の資格を持っている人が2名います。これは心強いです。運営メンバーの館外の読み聞かせや、開放事務局、地域団体の援助などで運営費を

賄っています。このような形になった経緯は次のようです。

　私達の旧小学校校区には30年ほど前まで、福岡市民図書館があり、よく利用していました。しかしこの図書館が遠くの早良区に福岡市総合図書館として移転してしまったのです。もちろん当時は縮小してでも残してもらえるように要望しましたが、叶いませんでした。そこで本にふれる機会を無くしてはならじと、仲間4，5人で、地域の公民館をお借りして「やらな文庫」を立ち上げました。それと共に当時、自治会に設立された「まちづくり協議会」の活動に組み込んでもらいました。それからしばらくして、「身近に図書館が欲しい福岡市民の会」（現・身近な図書館の会福岡）を力丸さんが立ち上げられたので、即、参加し沢山のことを学びました。

　そのうち、近隣小学校3校と統合され、新小学校は私たちの地域の小学校敷地にできることになりましたので、この過程の中で、文庫を小学校図書館に移しました。同じ敷地に小学校、地域の公民館、留守家庭子ども会、幼稚園、があります。このことにより、新しい連携が生まれてきました。まず、ここに文庫があることにより、文庫の運営メンバーを中心に、小学校の朝の読み聞かせタイムが始まりました。当時、学校司書さんが配置されていたことや、校長先生のご理解が大きかったことで、実現したと思います。今はたくさんのPTAの方たちが参加してくれています。また、同じ敷地内に留守家庭子ども会があるので、そこの子どもたちは開放図書館の行事に参加できます。土曜日には、子ども会の中だけでない過ごし方ができます。夏休み工作教室、夏のこわいお話会。クリスマス会、月

1回の定例お話会などを行っています。定例お話会は図書館で行いますが、ほかの行事は小学校開放施設の図工室、音楽室や公民館を使用させて頂いています。また、文庫の行事を通して地域の福祉関係団体との連携もでき、図書館への援助や公民館子育て広場での読み聞かせをして頂いています。文庫の名称も、地域の「やらな文庫」から「小学校地域開放図書館」へ。そして今は愛称を「はかた文庫」としました。

　長年の活動を通して、子どもたちの楽しそうな顔と、子どもたちの心の中に残っているものを感じることが、今の活動の原動力になっているように思われます。また、文庫と公共図書館の在り方を考え続けることが、今までもこれからも課題です。自己満足の文庫にならないように…。

鬼ヶ島文庫から

千竈八重子（大分県由布市　鬼が島文庫）

　親地連50周年おめでとうございます。会の誕生の頃を覚えています。多くの先輩たちが力を合わせ「子ども達の幸せを願って」横浜周辺で「文庫」が次々に産まれ、その数は300とも耳にしました。日本の図書館事情も、今からという時、待っていられない母親たちが力を併せて「読書活動」を展開され、図書館運動にも拍車がかかりました。

「文庫」という言葉の持つ「大きな力」は日本の読書活動を大きく前進させた様です。私たち大人も読書活動に力を注ぐ必要があり、その為の努力は惜しみませんでした。特に地方で細々と活動中の文庫も親地連の『子どもと読書』を中心に活動出来る喜びに感謝しています。

鬼ヶ島文庫の誕生

大分県の由布山の麓に小さな「子どもの本の文庫」が誕生したのは25年前、私の集めた子どもの本や、多くの人から譲り受けた本、寄贈本2000冊で出発しました。人口13000人の「ゆふいん」町。山間部の集落は200世帯、小学校28名の生徒、幼稚園児5名。「湯布院」町は、いまは観光地で、外国人も多数のバスツアーでやってきます。当時は静かでした。自衛隊の「日出生台」実弾射撃場を持っています。冬になると毎年、沖縄から若い訓練隊員がやってきていました。自衛隊員の家族の母親達が文庫の利用者でした。宿舎のある地（街中）から8kmの文庫は、いつも土日は賑やかです。車で家族ぐるみの利用者は文庫を楽しみました。祖父母も孫を同伴してきてくれます。当時図書館はなく、中央公民館の2階が「図書室」の看板をあげて住民サービスを展開中。若い母親たちは、「図書館の充実」に目覚め、「つくろう会」へと発展させました。文庫の姿からの出発でした。

それに市民も加わり「図書館つくろう会」に発展しました。結局、効果はなく、長引く運動は、母親たちが子どもの成長に必要なことの優先で細く小さなものになっていきました。署名とり、陳情とひと通りの運動を続けていましたが実を結ぶ事にはなりませんでした。

新しい文庫があちこちに

「子どもの本」の好きな人が、独自の力を出して、昔のママさんが「山んば文庫」を、神社の元保育士さんが「あおぞら文庫」を誕生させ、貸し出し、イベントなど独自の方法で展開中です。「豊後（ぶんご）大野市」に中学教師を退職された方が「子どもの本」の文庫を開設する等、子どもの本を集めたり、講演会、紙芝居講座を開いたり、様々な小さな営みを展開しています。

大分県立、市立図書館は市民の応援として活動の場を与えたり、学びあう絆を協力してくれるようになりました。そして人々の交流も豊かに動き始めた足跡に出会います。

「町村合併」に伴い、中央図書館は狭間町に決定、湯布院町は分館に。我が町の図書館は2階でエレベーター、エスカレーターなし。

乳母車、車椅子での上がり下がりは大変です。行政も不都合は認めています。いま建設が始められている中央公民館の1階の1番出入り口に「図書館分館」として顔を出すことに。行政もこちらの要求を聴き入れてくれました。

文庫のこれから

「朝よみ」の資料は勿論、一般貸し出しは、成人の本、雑誌の利用が多くなりました。図書館での「読み聞かせ資料」紙芝居の利用は、年中成人の利用が多大。交流の場として活用中です。

紙芝居道場（文庫に併設）

今55ヵ国と交流の「紙芝居」は、高齢者施設に歓迎されています。道場は学びのスペースです。近隣のボランティアさん達の学

習を保証中です。県内はもちろん他県からも草原探索と称して来庫してくれます。紙芝居は県立図書館の研修室で月1回定例会、会員が中心ですが、午後は一般のボランティアさんの入場OKです。シニアの男性たちもやってきて技の学びをなさっています。「文庫」で近くの子どもや家族は確実に活字文化を介して成長しています。

「すべての子どもに読書の喜びを！」

「親子読書地域文庫全国連絡会」ばんざーい!!

子どもに本のかけ橋を

山川喜美子（沖縄県沖縄地域児童文庫連絡協議会事務局長・菜の花文庫主宰）

親子読書地域文庫全国連絡会、50周年おめでとうございます。全国の皆様の活動が、私たちの活動の礎となっています。

私の文庫活動の原点—仲井真野村文庫—

住まいのある那覇市には、市立図書館や県立図書館があり、本を読める読書環境は大きな喜びになり、2人の娘も一緒に図書館へ行くのを楽しんでいました。その頃、3年前の1983年に近くの小学校の教職を退職された野村ハツ子先生が、自宅の屋上に仲井真野村文庫を開設していることを聞きました。

早速、娘たちを連れて文庫を訪ねると、野村先生が笑顔で迎えてくれました。それからは、娘たちにとって文庫は大変魅力的な場所になっていきました。

文庫では、本のある空間で異年齢の子らと触れ合えること。自由な態勢で本を読んでもいいこと。おもちゃで遊んでいいこと。絵本作家や児童文学者、さし絵画家の皆さんに直接お話を聞く機会が多々あったこと。夏休みのお泊まり文庫。季節の行事を行うこと。図鑑に出てくる植物や昆虫などを求めての野外散策等、様々な体験を通して娘たちは、本を読むことの楽しさを味わっていきました。

娘たちが文庫に通い始めると同時に、私も野村先生の読書に対する強い思いに共感し、文庫を支える手伝いをさせていただきました。文庫での活動は、先生から学ぶことが多く、娘たちと共に楽しい活動でしたが、残念なことに2003年、文庫開設から20年の節目の年に、ご自分の役割は終わったと、仲井真野村文庫を閉庫されました。

沖縄地域児童文庫連絡協議会の設立

1988年、野村先生と福田垂穂先生との出会いから、思いがけずオランダのバーナード・バン・リア財団の助成を受けることになり、助成を受けるためには協議会の設立が不可欠であると言われ、翌年の1990年、沖縄地域児童文庫連絡協議会が発足しました。既存の文庫を含め、全県下67の文庫を立ち上げ、文庫運動を広げていきました。

特に力を入れたのが、読書活動の担い手の育成でした。子どもたちへの読書の喜びを届ける情報の供給の必要があると考え、様々な分野の方を講師に迎えてリーダーの育成に努めました。文庫は、文化の発信地になりました。

しかし、活発に活動していた文庫ですが、年々その数が減少しているのが現状です。その原因としては、主宰者の高齢化、私的な事

情(体力や資金)、地域の子どもの減少、子どもを取り巻く時代の流れ、読み聞かせボランティアへの移行等が考えられ、今後の文庫の存続に頭を悩ませる日々です。

　文庫連としては、文庫の火を絶やさないよう、多方面から支えていきたい。それが文庫連の存在意義であると思います。

菜の花文庫の設立

　2010年、那覇での読書活動と同時に、沖縄本島北部の大宜味村(おおぎみそん)に「菜の花文庫」を開設しました。仲井真野村文庫での経験を通して、ふるさとの子どもたちにも、読書の喜びを届けたいとの思いをずっと持っていました。夫の退職を機に、夫の実家の離れで文庫を開くことにしました。文庫を開いてみると、集落には子どもは5人しかいず、大多数が高齢者という状況でした。誰も来ない日もありますが、文庫を開けて待っています。この頃は高齢の方の利用が多く、絵本や昔ばなしを勧めながら、私も力を貰っています。

あさのあつこさんからのメッセージ

あさのあつこ
(作家)

　親子読書地域文庫全国連絡会の創立50周年、本当に本当におめでとうございます。心からお祝い申し上げます。
　一口に50年といっても、その年月の長く、深いことに改めて想いを寄せ、胸の底からじわりと込み上げる何かがあります。あの敗戦を終えた後の50年、わたしたちの暮らしも文化も大きく変動した50年、この国が何を手に入れ何を失ったかをつぶさに見てきた50年です。わたしは、学生のときに、親地連の主催するシンポジウムに誘われたのが最初の出会いであったように記憶しています。まだ、20代の学生でした(もっと若かったかも)。

　古田足日先生がいらしていて、早稲田や東大の学生さんたちもたくさん出席していました。だから、きっと児童文学と関わりのある学生に向けての催しだったのでしょうか。そこで語られる言葉も内容もよく覚えていません。というか端から理解できていなかったと思います。でも、その場に漲っていた、文化、文学、そして子どもたちへの熱い信頼と愛情は肌で感じることはできました。ちりちりと肌を焼く熱気や、心の昂ぶりは何十年も経った今でも覚えています。とても刺激的で、颯爽としていて、力のこもった空気にわたしは圧倒され、これが日本の児童文学の底力なのかと震えたのも覚えています。わたしの若い感性は的外れで、独りよがりであったかもしれませんが、親地連という集まりが尽きぬパワーを発散していたのは事実でしょう。時は流れ、多くの者は変わったけれど、子どもを守り、愛しみ、この国から本物の文化を絶やさぬためにますます踏ん張っていただきたいと切に願います。今という時代だからこそ、必要な活動でしょう。

親地連とわたし

井戸を掘った人を忘れるな

関　日奈子
（ねりま地域文庫読書サークル連絡会代表）

　いやー‼　おかげさまで3月で92歳になりました。もともと呑気なうまれつきで、自分の「とし」など、ああそうかい、と「山高きが故に貴からず」とばかり、生意気にやってきました。

　しかし、50周年とは、立ち止まってみるとたいしたもんです。親地連の出発点の時の事務局長は、卵からかえったばかりの「ひよこ」で、椋鳩十先生なんか、そんな私が珍しかったのでしょう。「さあ、いよいよ走り出すよ」という言葉が今も耳に残っています。

　エーリッヒ・ケストナーは、ドイツの学校の入学式の「ことば」で四ヶ条の戒めを語っていますが、その一つは「お手本をさがしなさい」ということです。私はふりかえってみると、探すまでもなくすぐそばに阿部雪枝さんがいたのです。なんという幸運、天に感謝

するほかありません。だが天は意地悪で、彼女をねりま文庫連が出発して、いよいよ熟するという時に私たちから奪いました。けれどもめげずに今日まで歩んで来られたのも、その意地悪にたてついたからなのです。

　私たちは、ことある毎に、雪枝さんを想い、彼女ならどうするだろうと考えます。「井戸を掘った人を忘れるな」という言い伝えがありますが、まことにその通りです。

　これからも忘れません。井戸を掘った人を！

親子読書と再び出会って

廣吉和子
（新座市子ども読書ボランティア）

　親地連創立50周年おめでとうございます。
　私は、中野区桃園第三小学校のPTAで親子読書会を始めた小松斉先生に誘われ、ご一緒に活動させていただきました。広瀬さんにお会いしたのもその頃でした。ほんの4年間でしたが、地域の親子読書会や他の学校の読

書会に行かせていただいたことを思い出します。その後中学校に異動しましたが、そこでの読書活動は図書館係になってもうまくできませんでした。仕事を辞めてから老後に何をしようかと考えた時、亡くなられた小松先生が夢で子どもの本のことを思い出させてくださいました。そこで、新座市の市民大学で「子どもの読書」の講座に参加し、何十年ぶりかで子どもの本に出会いました。同期の仲間と勉強会を作り、8年になります。

市の図書館でのおはなし会や小学校でのブックトーク、赤ちゃんの初めてブック等、図書館の活動に協力する中で、小学校での朝の読み聞かせに、月1回訪問するようになりました。中学校でも朝の読み聞かせに声をかけて頂いた時は驚きました。中学生に絵本とは。でも、どの年齢でも、それぞれの読み方ができる絵本の良さがありました。1年生から3年生まで、よく聞いてくれます。担任の先生も一緒に楽しんでくれます。年をとって老眼になり、絵本が読みにくくなって、最近では紙芝居の良さを実践しています。また、小学校の放課後の子どもたちの見守り教室で、異年齢の子どもたちに読書会をしたいと、昨年の冬休みに「みんなの読書会」をしました。大人も子どもも一緒に絵本と紙芝居を楽しんで、その後それぞれの意見を言ったり、聞いたりする会です。親子読書会です。これからも、春・夏・冬休みにやりたいと思っています。これからも勉強会の仲間と楽しくやっていきたいですが、高齢になった私たちの活動を、若い人たちにどう繋げていくかが課題です。

子どもたちが本をなかなか読まなくなっている現代。それでも母親たちの働きで、こうして学校や図書館で子どもたちに良い本が届けられていることは凄いと思います。微力ですが健康に気を付けて、できるだけ長く活動できたらと思っています。

親子読書地域文庫全国連絡会が、50年も続いていることに感動すると共に益々のご発展を心からお祈り申し上げます。

全国のなかまと

土屋洸子
（西東京市 平和祈念展示資料館　語り部）

親地連が創立50周年を迎えられたとのこと、おめでとうございます。

私は、1970年に「福岡子ども劇場」で子どもの本に出会い、福岡県福岡市で「日佐（おさ）文庫」を作り、転勤族の夫の勤務先の大阪府寝屋川市で「三井（みい）文庫」を、埼玉県所沢市で「新所沢親子読書会」を作りました。

夫は3・4年で転勤したので、私は長くその場所に留まることが無く、申し訳ない気持ちでおりましたが、子どもの本を介して知り合った人たちは、その土地ばかりでなく、その人が転居した先でも、子どもの文化に関する運動を始めるか、関わってくれました。

そして、全国の子ども文庫や親子読書会が集まった「親地連」は、全国に同じ悩みを持つ人々がいて、子どもの本の活動をしていることを教えてくれました。そのことを身近に感じて、活動している人たちを隣町に住む身

近な友人と感じて、元気を頂きました。

　大阪で10歳前後だった子どもたちは、今50代になります。この間、親が子どもにしたように、子どもは我が子に本を読み聞かせしたり、図書館に足を運んだりしました。

　しかし、10万円の電話債券を用意して電話が我が家にやってくる日を待った福岡時代から、この40年ほどの家庭を取り巻く環境、特に通信手段の変化は、私たちがついていけないほどの凄まじい進歩です。

　子どもの文化を考える時、おとなたちは何を次代に渡すのでしょう。親地連創立50周年を迎える時、60年…100年と運動が続くことを願って良いのか、その必要がなくなるのが良いのか、考えてみたいと思います。

継続は力なり

辻　和子
（新宿区　親地連元会長）

　「親子読書地域文庫全国連絡会」の50周年おめでとうございます。50周年をむかえた現在、「継続は力なり」を実感しています。

　1960年代初期、この国は日米安保条約の調印を巡って、戦後最大の国民運動が展開され、岸内閣を退陣に追い込み、逆コースに楔を打ち込みました。

　その一方で、ベトナム戦争の為のアメリカの基地ともなり、原子力潜水艦や原子力空母の寄港などが国民に不安をもたらしていました。私も国会を囲むデモに参加していました。

　これらを背景に経済は高度成長を遂げました。人口は都市に集中し、農民は激減し、労働者が中心となる現代社会に変貌しつつあったこの時期に親地連は発足しました。（1970年）

　当時、私は保育園の父母会でニュース係をしていました。園児たちを対象にした「読書に関するアンケート」を行い、結果の分析に力をお借りしたいと当時三鷹にあった「有三文庫」に、日本子どもの本研究会の増村王子先生をお訪ねしたのです。この事が、親子読書運動を知る機会になりました。そのご縁で親地連の世話人会に参加し、世話人のみなさんから、沢山のノウハウを頂きました。あれから50年、「親地連」の苦節を超えた確かな歩みを実感しています。

　親子読書会活動について、著名な作家（女性）が、「親子で本を読むなんて気持ち悪い」と言ったことが聞こえてきたり、「読書は個人的なもの。集団読書なんて」と水を差されたりもしましたが、私たちは一向にひるみませんでした。

　1冊の本をみんなで料理することの愉しさ、料理をしたことの無い人には解ろう筈がありません。子どもたちが、絵本の中の小さな染みにも拘る姿勢から、どれほど新しい発見をもらったことか。子どもの世界の豊かさに驚いたことか。

　「すべての子どもに読書の喜びを」とした親地連の50年間の活動は、全国交流集会やセミナーの開催、機関紙の『子どもと読書』、初期には『親子読書』の編集、発行（当時は岩崎書店が発行に関わり、編集は親地連の編集委員が手掛けた）と地域で活動している読書会、文庫の夢や悩み、活動の実態を交換しながら続いてきました。

その背景にあったものは、子育て、食事、洗濯、仕事などの日常生活であり、日常生活の丁寧な積み重ねなしには親子読書会を続けることができなかったと思うのです。
　これからの50年のために、活字の一つ一つを読み取る読書という行為に、先ず、一歩を踏み出しましょう。最も原始的で文化的な行為に。

百周年をめざして

岸川和子
（東京都北区　親地連元会長）

　親地連50周年、心よりお祝い申し上げます。半世紀の永い歩みを、休むことなく支え続けてこられた、たくさんの方々、ありがとうございました。
　親地連の出発とほぼ同じ頃、親子読書会の種まき人、上岡功先生の熱いご協力もあって、東京の片隅北区で、いくつかの親子読書会が生まれました。連絡会を作り交流することで、学びあい、育ちあっていきました。
　この連絡会が親地連に参加したことから、親子読書会だけでない、多様な子どもと本を結びつける活動にふれることが出来ました。図書館の問題、自治体への働きかけ、とりわけ地域文庫・家庭文庫など、文字通り子どもたちに本を手渡す地道な活動を知ることができました。
　親地連の世話人をつとめた中で、私にとって忘れられない二つの出来事があります。
　一つは、機関誌『親子読書』（岩崎書店発行）が廃刊になり、親地連世話人会の自力での『子どもと読書』刊行ができたこと。企画も編集も全て自分たちで手掛け、作り上げた喜びは忘れられません。
　二つめは、第一回全国交流集会の開催。日頃、文字を通して交流することの多かった仲間たちと、顔を合わせて語り合えた心に残る集まりでした。
　「親子読書会」「文庫活動」。親地連の二つの大切な車輪が、止まる事なく百周年目指してまわり続ける事を！

次の世代を励ます
50周年記念誌

近藤幸子
（浦和子どもの本連絡会　親地連元会長）

　私は、30歳〜35歳まで千葉県柏市で友人の家庭文庫を手伝ったのが、子どもと本をつなぐ活動の始まりでした。広瀬恒子さんに超散らかった我が家に来ていただいた事、忘れません。36歳〜41歳まで、大阪府豊中市で、「豊中子ども文庫連絡会」「大阪府子ども文庫連絡会」などで「ポストの数ほど図書館」運動や昔話を語る面白さを知りました。41歳

からは、さいたま市で活動中です。親地連の世話人を数年させていただきましたが、仕事の多さと困難さを山ほど知りました。夜中に起きる体の異変に耐えかね、無責任にも親地連を離れました。20周年記念誌が出た後でした。『子どもと読書』は広範囲での活動情報がわかる類を見ない定期刊行誌です。世話人の皆さまに感謝、感謝です。

　絵本を中心に、子どもが人を信じる事や自然から得る感動を身につける手伝いを始めてかれこれ50年。60歳定年として一番の悩みはバトンタッチです。次々に生まれる赤ちゃんが持って生まれた力や感性を育てる過程を、映像や録音テープなどで育てるのではなく、生身の人間が、目と目を合わたコミュニケーションから育ってほしいのです。ふさわしい大人、中でもボランティアが絶えず望まれると思われます。バトンタッチで一番難関は、「ボランティアだから」の「だから」です。「だから」が通れば、状況に変化なしです。将来、この世に生まれた子どもが皆、本を通じて生きる力を身につけるために、私たちボランティアは今何をすれば良いのでしょうか??

50年会員です

新井竹子
（埼玉県坂戸市　さんびきのくま文庫　親地連元会長）

　1970年4月、私が自宅に「さんびきのくま文庫」を開設したのと「親地連発会」は同時期だった。私はすぐ親地連の会員になりこの会から学び、行事などにも参加した。

　会の代表を受けていた時期もあり、埼玉県嵐山町の国立女性会館で、親地連の全国交流集会を行うことにも取り組み、その地の小学校校庭でキャンプファイアーをしたこともあった。それは、1990年代初めの頃で、学校も協力的だった。なつかしい思い出だ。

　親地連は「すべての子どもに読書のよろこびを」と掲げていた。私はこれが気に入っていて、勤務していた坂戸ろう学校の中で、聴覚障がいと知的障がいを併せ持つ子にも読書をと取り組んだのだった。

　その母親には、私の文庫に参加してもらい親地連の会員にもなってもらった。親子は親地連の全国交流集会に何度も参加した。こういうことが出来たのは、親地連会員の優れた知恵のおかげである。

　さて、これからの親地連はどうあるべきなのだろうか。50年続いてきたものをもっと続けなければと思うが、今まで以上に激しく変化していくであろう時代にあっての工夫が求められるのではないだろうか。今の私は次の2点を思っている。

●社会の動きに敏感であり、子どもの幸せを追及し続けよう。
●発案する人、支援する人に分かれるのでなく、1人ひとりが両方を体験できる会であれ。

表紙絵の画家から

本との出会いは明日への希望

渡辺和子
（木刈親子読書会）

「知らないから描けた」と『子どもと読書』に記憶を巡らせながら思います。

30年程前に木刈親子読書会と出会い、幼い子ども達と私は世界中の優れた本や、仲間と充実した時を過ごしていました。そこで中心となって活動していた親地連会員でもある中村隆子さんから、その年から自費出版発行となる『子どもと読書』の表紙画を描いてみないかと声をかけられたのです。深慮することもなく夢中で描かせて頂きましたが、その後の表紙を飾ったファンタジックな世界を見るにつけ、なんとも無謀な挑戦をしたものだと今でも恐ろしくなります。

しかし子どもと本を繋ぐ活動に名を連ねさせて頂けたことは誇りでもあります。

50年間の親地連の活動に感謝し、明日への希望に乾杯です。

感謝を込めて

長谷川知子
（画家・絵本作家）

もう22年も経つんですね。

その当時＜親地連＞で中心になって活動されていた小林牧子さんを通じて、『子どもと読書』の表紙の依頼がありました。今のように4色ではなく2色刷りの表紙。2版重ねはどちらかというと苦手だったのです。でも、隔月表紙を描いているうちに切り絵で描いたりバラバラに描いた少女の絵を画面の中でレイアウト指定して1枚の絵に構成したり、少しずつ重ねる色の選び方や2色に版を重ねるやり方もわかり2色印刷の妙味にはまっていくおもしろさも感じたものでした。今ならパソコンで簡単にやれるのでしょうね。雑誌の表紙だけでなく全国集会の懇親会に飛び入りしたことも、『1ねん1くみ』の相棒後藤竜二さんと掛け合いで講演する機会もいただいて、思い出せば懐かしく。『親子読書地域文庫全国連絡会』は2020年創立50周年を迎えられる。これからも文庫を通して地域と子どもたちと私たちの仕事が広く繋がっていきますよう。思いを込めて。

頼もしい方たち、オヤチレン！

浜田桂子
（絵本作家・画家）

「オヤチレンってなに？」が第一印象でした。やがて、子どもと本をつないで下さる、とっても頼もしい方たちの会と知ります。子どもの心に、1冊、1冊、読書の喜びの種を撒かれての50年。その日々を尊く思います。

機関紙『子どもと読書』の表紙を、2005年5.6月号から2009年3.4月号まで4年間、24枚担当させて頂きました。「旅で出あった子どもたち」をテーマに、各地でスケッチした子どもと、エピソードを添えて。イタリア、スペイン、メキシコ、グアテマラ、キューバ、ペルー、それにインド、中国、韓国、最終回は沖縄です。毎回この仕事は、ワクワクドキドキでした。刷り色は2色。どの色を選ぶか。どう重ねたら色のバリエーションが美しいか。結果は校正刷りで判明します。彩色画とは違う面白さでした。

多様で豊かな子どもの本は、「平和」の土壌があってこそ成り立ちます。それを阻むものには、ご一緒に声をあげていきましょう。いっそうのご発展を心から願っております。

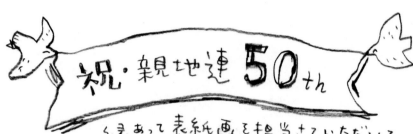
祝・親地連 50th

　縁あって表紙画を担当させていただいて今年で7年目になります。ふた月に一度、愉しく(時に頭をかかえて?!)考え描く時間をもらうだけでなく、「子どもと読書」を読み感じる時間も手にしている…この一度に2つの味わいに感謝しています。
　お引き受けした時から、表紙のタイトルロゴとサブタイトルがとても好きでした。今からちょうど半世紀ほど前に、私もそんな素敵な呪文(?)を内包していた大人たち(=こちら側に属する人達であったり、親だったり)のおかげで、「本」という扉を開け、または橋を渡って自分だけの大地を見つけ、耕し、火田を作り、獲れたもので体をつくり、空に名前をつけたり、歩き続けたり…そうしてきたことで今こうして生きている自分が…ある1人です。
　親地連と出会えたことで、さし絵を描く日常とまた別の「本をとりまく世界」の1つと紐で編まれて繋がったことを嬉しく思っています。
　これからも、皆さんのつくられる「子どもと読書」を傍らで感じつつ、目にとまった身の回りのカケラと感動を添えていけたらと思っています！

佐藤真紀子

第3部　資料編

基　調　報　告

広瀬恒子
親子読書地域文庫全国連絡会　代表

第19回　全国交流集会
子どもの本と
読書活動のこれから
2013年10月12日

はじめに

　みなさま、ようこそご参加くださいました。
ここに主催者を代表いたしまして心よりお礼
申し上げます。

　親子読書地域文庫全国連絡会が発足してか
ら43年が経ちました。その頃1970年代で
すが、全国各地で地域文庫や子どもの文庫連
絡会、あるいは子どもの本連絡会などが多数
誕生しました。そしてそうした会の中で、た
とえば北海道子どもの本連絡会が38年目に
入り、東北では宮城や福島でもそれぞれ40
年、30年と長い年月をかけた活動が持続し
ています。関東では、練馬、小金井、小平、
世田谷などで40年という年月を経たグルー
プがあります。石川では文庫連が30年、滋賀
では25年というふうに、70年代に子どもの

本にかかわる先駆的活動を果たしたそれぞれ
の会が、持続し長い年月を経ていることに、
大変励まされる思いがします。おそらくそう
した活動を持続してきた仲間たちの気持ちと
しては、きっと子ども時代に、本の世界でワ
クワクドキドキしたり、胸を躍らせたり、心
の自由な旅をしたり、いろいろなことを知っ
たりという、本を通して知る心の弾み・喜び
をどの子どもにも一人ひとり出会わせてあげ
たいという願いが根底にあって、今までいろ
いろな課題や困難を乗り越えつつ、今に至る
活動を続けてこられたのであろうと思います。

子どもにとって読書がどういう
力になるのか

　上橋菜穂子の『獣の奏者』という作品があ
りますが、その作品を読んだ小学校6年生の
女の子が作者の上橋さんに送ってきた手紙の
中に「私はこれから先、どんなに悲しいこと
があっても、それを別なものに変えてみせま
す」とあったそうです。私は、子どもが生き
ていく上でどんなに過酷で辛い状況があった
としても、そこで生きる価値を見失わず、別

なものに変えていく想像力をどの子どもにも一人ひとり持ってもらいたいという願いが、こうした私たちの活動の根底にあるように思います。

子どもの読書活動とその影響・効果に関する調査研究・報告書

この度文科省の外郭団体の国立青少年教育振興機構が、子ども時代の読書がどんな風にその人の成長に関わるかということを、東大の秋田喜代美先生を座長に全国調査し、詳しい報告がされています。この調査は、3万人近い20代から60代までの成人と高校生・中学生へのアンケート調査です。その中で私たちの活動との関わりが深いところをみますと、"就学前から小中学校までの間に読書に親しんでいた子ほど、「未来指向」、「社会性」、「自己肯定」、「意欲・関心」、「文化的作法・教養」、「市民性」のすべてにおいて、現在の意識・能力が高い。特に就学前から小学低学年までの「家族から昔話を聞いたこと」、「本や絵本の読みきかせをしてもらったこと」、「絵本を読んだこと」といった読書活動は、成人の「文化的作法・教養」との関係が強い"という結論を出しています。

私たちは実践的・経験的には、子どもたちにとって読書がこうした力になるということは実感していましたが、それが研究者たちによって裏付けられたということは、これからの私たちの活動にとっても一層の支えになると思います。

子どもの本の動向

現在子どもの本の1年間の新刊は、2012年は2,812点（『子どもと読書』編集部調査

による）で、約3,000点の新刊が出たことになります。その中の約1,000点を絵本が占めています。絵本の占める割合が高いのが特徴で、こうした傾向はこの数年変わらずに続いています。

考えてみますと1959年、日本のファンタジーの記念碑的作品と言われた佐藤さとるの『だれも知らない小さな国』が出版され、同年にいぬいとみこの『木かげの家の小人たち』も出ています。

日本における現代児童文学をどう区分するか、雑誌『日本児童文学』で評論家の藤田のぼるが区分けをしています。1960年代から1970年代を第一期として、そこでは松谷みよ子の『龍の子太郎』や今江祥智の『山のむこうは青い海だった』、山中恒の『赤毛のポチ』などが60年代に出て、日本の児童文学の理想主義が信じられたというか、評価が分かれるというよりはそれに共感した価値観が一般的だったと思います。それを「単線時代」、つまり児童文学の評価について、それほどの意見対立はなく、向日性のある理想主義の作品が支持されたということになるわけです。

それが80年代に入ると、いわゆる「タブーの崩壊」ということで、死であるとか性であるとか、家族の厳しい課題、大人の社会のシリアスな問題を児童文学の中でも描くようになってきます。特徴的作品として、那須正幹の『ぼくらは海へ』という作品がありますが、これはオープンエンド─結末を読者に想像させるもので、少年たちが能力主義の受験体制の中で、自分たちで船に乗って海へ出て行く、その結末として死を目指しているのか、それとも何か他の目的があったのかということに

ついて作者は提示していません。それは読者の想像に任せるということで、今までとはちょっと違う作品でした。その一方80年代の特徴としては、那須正幹の「ズッコケ」シリーズ、矢玉四郎の「はれときどきぶた」シリーズ、原ゆたかの「かいけつゾロリ」シリーズ、福永令三の「クレヨン王国」シリーズなどのエンターテイメントの作品が出る、それと同時に岩瀬成子の『あたしをさがして』、松谷みよ子の『とまり木をください』、吉田としの『家族』、こうした大人の小説的な作品が出てきたのが80年代です。これを「複線時代」と表現しています。

そしてそのあとの2010年以降、大人と子どものボーダーレスが一層進み、たとえば沢木耕太郎や帚木蓬生など大人の作家がどんどん子どもの作品を書く、逆に子どもの本を書いていた森絵都やあさのあつこが大人の本も書くという状況になりました。今年度の坪田譲治文学賞を取った中脇初枝の『きみはいい子』という作品は、若い母親が子ども時代に虐待されたトラウマを抱えて、自分の子どもと向き合うという、大変厳しい内容です。こうした大人の作品と思われるものが坪田譲治文学賞を受賞したのは、ボーダーレスを象徴する出来事だと思います。こうした様相を、藤田のぼるは「相互乗り入れ時代」と表現しています。

こうした児童文学の状況の中で、子どもに本を手渡している読書ボランティアの方々にとって一番接点となっているのが、やはり絵本です。絵本は読みきかせだとかおはなし会だとか、いろいろな場で活用されているわけです。ただある出版社の編集者が書店に行ってみたらラノベと絵本しかなくて、これでいいのかと気になった。子どもが幼年期に一人で1冊の本を読みきる、ひとり読みを楽しめる幼年童話を作ろうと考えたという話を聞きました。そうした新しい作品と同時に、あまんきみこ、後藤竜二など、これまでの作品の選集という形の出版もありました。

先ほど申したように、エンターテイメント、ライトノベルの売行きが膨大に広がってきています。私たちが日常接するのは絵本と児童文学ですが、子どもの本を考える時に、実際に子どもたちに手に取られている本と読んでほしい願いの本について、どういうところに目を向けていかなければならないかということも、一つの課題ではないかと思います。

児童文学を楽しむことは1960・70年代に読書活動に参加された人々にとっては、割合身近なことでしたが、今のように絵本とのか

かわりが多くなると、どうしても自分たちが読むのは圧倒的に絵本が多いのではないでしょうか。読書活動をしている人にとって、児童文学、それもYAは自分が楽しむものとしてという傾向があるのではないか。子どもと本の出会いを作る私たちが、「子どもの本」と一口にくくった時に子どもの本の選択にどういう目配りがいるかということも、課題である気がします。

『はだしのゲン』閲覧制限問題から

　子どもの本に関わる問題としては、ご承知のように『はだしのゲン』の閲覧制限問題がいろいろな問題を提起しました。あれでひとまず終焉したのかと思ったら、昨日の朝日新聞に、新しい歴史教科書をつくる会が、この本を有害図書とし教育現場から撤去するよう求める要望書を9月に文部科学省に出すなど、波紋は収まっていないという記事がありました。この中で私たちが考えていきたい問題は、この『はだしのゲン』そのものの評価云々という前に、やはり子どもの権利条約で保障されている「児童は表現の自由についての権利を有する」という、その精神が大切なのではないかということです。「この権利には、口頭、手書き若しくは印刷、芸術の形態又は自ら選択する他の方法により、国境とのかかわりなく、あらゆる種類の情報及び考えを求め、受け及び伝える自由を含む。」とあり、様々な表現のものを享受する自由を含むことが子どもの権利条約13条に規定されております。そうした権利条約の精神から言えば、臭いものに蓋で、これは有害だから見せないというよりは、むしろそういう作品を子ども自身がどういうふうに考えていくかとい

う、情報リテラシーを豊かにすることが重要なのではないかと思います。そう考えますと、これから先子どもの読書の自由の規制の動きについても目配りが必要だと思います。

　島根の場合一番考えなければならないのは、子どもと本をつなぐ人の役割、学校図書館における学校司書の役割になるわけです。このような閲覧制限の問題が起きた時に、図書館の基本的な役割を考えると、自分たちで主体的に選書したものは主体的に守るということが必要ではないかと思います。

『図書館に児童室ができた日』

　子どもたちが本の楽しさと出会う場は家庭、学校、地域とさまざまです。

　図書館における子どものサービスを考える時、この度出版された『図書館に児童室ができた日』という、アン・キャロル・ムーアという女性司書の伝記作品があります。今から100年以上前のアメリカで、アンが生まれた時代は、女の子は本なんか読まなくていい、それよりは刺繍だとかお料理をして結婚して、というのが一般的という社会でした。

　このアンという女の子は何か自分の仕事がしたいと考え、ニューヨークにできた新しい公立図書館で働くことになります。その頃の公立図書館は、本を汚すから子どもに本は貸さないし、子どもはサービスの対象ではありませんでした。アンはそうした中で、子

どもにもっともっと本を届けたいと思いストーリーテリングや本の紹介をしたりして、公立図書館における児童サービスの一歩を踏み出します。そしてマンハッタンに新しい図書館がオープンした時、彼女はその図書館に初めて児童室を作りました。この児童室で子どもたちはいろいろな本と出会い、作家を呼んでお話を聞いたりするという児童サービスを受けることができるようになったわけです。こうした、子どもと本の結びつきや出会いを作るということは、100年前からの先駆的活動があったわけです。

そして日本における児童サービスも活発になったのは1970年代ぐらいのことです。これまで積み重ねてこられた先人の足跡を後退させないで充実させ、前に進める大切さを思います。

さまざまな課題

学校図書館についても、これまで教職員や学校司書が、条件の悪い中でさまざまな活動をされていますが、この度の国会に学校図書館法の一部改正案が上程されることになりました。この改正案が、現在活動している学校司書にとって果たしてよりよいものになるのか、あるいは下手をすると足かせになるのか、そうしたことが問われねばならないと思います。この問題につきましても市民の要望を反映させるようにしていきたいと考えます。

いま各地で子どもと本をつなぐ読書ボランティアが、多種多様な取り組みを全国で展開しています。一番多いのは学校などでの読みきかせやおはなし会ですが、児童館や公民館や病院などさまざまな場所で自主的な活動として行われています。その日常的な悩みとして、どんな本を読むかという、子どもの本選びに関する問題が一番多いです。これは常に問われていくことだろうと思います。こうした日常的な課題とともに、私たちの自発的な活動をバックアップする、あるいはよりよく発展させる上では、地域の公立図書館や学校図書館がどんな風になっているのかということも関係します。両側面からの目配りがいると思います。

この度の私たちのアピールとして「一人ひとりの読書をたいせつにする社会を」としましたのは、すべてを構成する一人ひとり、そしてすべてどの子も、一人ひとり違います。その違っている一人ひとりの子どもに、その子どもと本との出会いをどう作るかということは、たいへん広く深い営みであるという思いがします。そのために仲間たちとさまざまな実践を共有し合い学びながら、子どもと本の出会いを豊かにしていく、同時に身近な公立図書館や学校などの公的な組織と連携して、活動の中での気づきを提言していくことが、一人ひとりの子どもの読書環境を保障していくことになるであろうと思います。

ボランティア活動を持続していくなかで、息切れしそうになったり、疲れたり、いろいろありましょう。そういう時にどんなことが力になるだろうかと考えると、一つにはやっぱり子どもからもらう元気と、自身の読書を通して得る共感、共鳴する気持ちや感動だと思います。同時に、仲間との交流や仲間から学ぶということもとても大きな力になると思います。

朽木祥さんの作品で感じたこと

この度の記念講演の朽木祥さんには『八月

の光』という作品があり、そこにはヒロシマで生き残った人の苦悩が描かれています。その生き残った人が、どう自分が生きるかと考えた時、その記憶を普遍化していく、歴史につないでいく、未来へ伝えていく努力が、自分の体験したことを活かすことになるのではないかと考えます。この『八月の光』のあとに『光のうつしえ』という新作が出ました。この作品には、吉岡という美術の先生が登場しますが、その先生が中学生である生徒に書き送った手紙の中にこういう一文があります。それはホロコーストの研究者たちが訴え続けていることで、その研究者が言っていることを先生が手紙の中で引用しているのです。「加害者になるな。犠牲者になるな。そしてなによりも傍観者になるな」。この「傍観者になるな」という言葉は、今私たちが憲法九条とその精神を子どもたちの未来に引き継いでいけるのかという時代の分岐点に立っているような時に、とても重いものです。私たちは、こうした子どもと本をつなぐ活動がなんのためなのかという根源的な問いかけの中で、それが子どもたちの未来にかかわる大きな問題でもあることを思います。

最後に

　パキスタンで、イスラム過激派に銃撃されたマララさんという16歳の少女がいました。このマララさんが国連総会と、イギリスにオープンしたある図書館の開会式で「世界平和への唯一の道は、読書と知識を得ること、そして教育だ」と発言しています。「本とペン」ということを彼女は繰り返し話しております。この「本こそ平和への道につながる」ということばに大人として励まされます。

　どうかこの二日間がみなさまにとって、少しでも元気のでる、よりよい集会となりますことを心より祈念し、私の話を終えさせていただきます。ありがとうございました。

第20回　全国交流集会
子ども・本との出あいづくり45年
2015年10月3日

第20回の節目に立って

　親地連は1970年に発足し45年、すべての子どもに、読書の喜びをという願いを込めて歩んできました。

　すべてというのは、家庭の事情や身体やこころに抱えたハンディキャップの問題、外国語を母語とする子どもたちなど、すべての一人ひとりの子どもたちに、本を読む喜びや楽しさを保障して、子どもが生きていくうえでその想像力をよりよく生かしてほしいということに尽きます。そうした人間としての権利を一人ひとりの子どもに保障するということは、ある意味、大きな課題でもあります。今は、日本では家庭の子どもの問題でも6人に一人は、貧困という大変厳しい格差がある中で、改めて「すべて」ということがどんなに大きな意味を持つのかということを考えざるを得ません。

　2年に一度開催しているこの全国交流集会も、今回第20回という節目を迎えました。北海道から沖縄まで、各地域で子どもと本を結ぶ活動をされておられる方たちは、自分たちの住んでいる地域でネットワークを作った

リグループを作ったりして連携をされるなど頑張っておられます。地域連絡会も全国に100以上あると推測されていますが、そうした方たちが第20回という大会に大勢参加してくださいました。

本日は、1969年発足という、日本で一番早く地域連絡会を発足させたねりま地域文庫読書サークル連絡会の関さんから、実に46年に亘る実践をこのあと報告していただきますが、40年、30年、20年と、地域でいろいろな取り組みを積み重ね、子どもと本をつないでいく上では、その時代の動きの中で社会的な課題とぶつからざるを得ない歩みでもありました。

45年のあゆみの中で

70年代というのは、子ども文庫が燎原の火のように活発な活動を広げた時期でしたが、80年代に入ると子どもの状況にさまざまな問題が生まれてきました。『いじめで遊ぶ子どもたち』（村山士郎著・新日本出版社）には、自殺や不登校や校内暴力にあらわされる、子どもからの異議申し立てが出てきます。その中で今の子どもたちは、いらだちだとかむかつきだとか不安感、抑圧感といったものを大人が想像する以上に抱え込んでいるという実態が指摘され報告されました。

文科省はそうした状況の中で、いじめ防止対策推進法というのを作り、それが果たしてどのような効果があるのかわかりませんが、今まで使わなかった「子どもの個性」という言葉を使うようになりました。

80年代における文化状況の変化は、子どもたちにヒットしたゲーム「ドラゴンクエスト」で、1986年には149万本売れたといい

ます。それに端を発してゲーム等電子メディアで遊ぶことが広がりました。電子メディアを敵視するのではなくて、どう紙媒体と共存して楽しみ合っていくかという時代に入ったと思います。

あるお母さんが書いていたことですが、子どもが「何かお話をして」というので「おむすびころりん」を一所懸命やったんだそうです。聞き終わると彼は、「もう1回巻き戻しして」というので、適当に話をすると「早送りしないで」と言われたそうです（笑）。子どもたちはお話を聞くのが好きだけれど、そうした新しい文化と私たちが担っている本を楽しむという文化とが、どういう風にいい形で重なり合って、これからの子どもにとってより良い楽しみ方になるのか、一つの問題であろうと思われます。

子どもと本をどう結んでいくか

特に、教科書が電子化されると電子書籍の普及も今後ひろがっていくことでしょう。今まで、子ども文庫や読書ボランティアの人たちは、0歳児ブックスタート、学校の朝の読書の時間での読みきかせ、図書館でのおはなし会、公民館とか児童館など、地域で様々な本を結ぶ活動を行ってきて一定の蓄積をしてきました。しかし集まってくる子どもたちが、乳幼児など低年齢化しているなかで、これから高学年の子どもたちとどうつなげていくかが、共通の問題にもなっているのではないかと思います。

高学年以上の子どもたちが本と出会っていく具体的手法としてブックトークとかアニマシオンとかビブリオバトルなどありますが、そうしたきめの細かい本との出会いを作って

いくうえで、学校図書館や地域の公立図書館などの専門職員が、子どもたち一人ひとりに出会いを保障していくという役割が一層重要でもあり、そうした方々と地域の自発的なグループが交流しながら活動を積み重ねていくことも必要なことだろうと思います。

ところがこの公的な活動にも、今、外部委託や指定管理の導入など、民間会社が参入し、公立で責任を持って運営するということに向かい風が吹いています。正規の職員の数も減り、非常勤の職員が多くなっているという現状です。非常勤の職員が腰を据えて地域の子どもたちと向き合っていけるかというと、５年くらいで雇い止めにあってしまうという状況下では困難でしょう。公立図書館における専門職の立場の人たちの働く状況は極めて厳しいものがあります。そうした中で、子どもへのきめ細かいサービスをどう継続していけるのだろうか。

学校図書館法が改正されて、学校司書を置くことが自治体の努力によって進められるようにはなりましたが、仕事をする人の身分とか、専門的内容をどうするかということは、これからの課題になっています。学校図書館で、日常的な仕事をする専門家としての学校司書が、具体的にどういう可能性と役割を持っているかということについて、社会的にもっと広く知られていくようにならなければと思います。

学校図書館司書の専門性ということでは、このたび文科省が「学校図書館の整備充実に関する調査研究協力者会議」を組織して、これから、どのような活動を具体的にするのか詰めていくと思いますが、そうした会議の報告についても関心を持っていきたいものだと

思っています。

ボランティアや文庫活動をしている私たちは、そうした公的な立場のサービスとまた違って、地域で全く自発的に、ある意味自由に、多種多様な形で、子どもと本の出会い作りをしていくわけですが、考えてみると「自分は本が好きだから」だけで終わらない、地域の社会的活動だと思います。自分たちの実践の交流とか、本当にそれが子どもにとってより良いものになっていくのだろうかという、そうした自己点検も求められていくのではないでしょうか。

長年子どもとかかわってこられた人たちが感じることは、大人の思いが結構強いということです。
これはある文庫をしている人が話していた記録ですが、「『スーホの白い馬』（モンゴル民話 福音館書店）の読みきかせをした時、読み手の私はスーホの悔しさや悲しみが胸にこたえて涙声になってしまった。ところが２年生の長男は、あんな殿様に僕はなりたくない、ちっとも悲しくないと言った。子どもの本を知る以前の私なら、自分の読み取り方だけが正しくて子どもの発言を否定したでしょうね。でも、否定しなかったのは、本の読み手として、子どもが私と同じところに立つ一人の読み手なのだという、私とは違う読み方をする読み手なのだという、子どもの読み取りを認めた」と、子どもとのかかわりの中で、大人自身の気づきを書いています。

活動を続けていくうえで何が支えになっているのだろうかというと、それは、やはり地域の子どもとの関わり、子どもなのです。文庫活動をしている方が、活動をしていて一番うれしいのは、読みきかせをするときに目も

耳も全開にして体いっぱいで聞いてくれている子どもたちの表情に接する時、道で出会った子どもたちから、文庫のおばちゃんと言って手を振ってもらった時、と書いていましたが、子どもとのかかわりの中で、子どもとともにという姿勢をこれからも大切にしたいものだと思います。

　活動を続けるうえで、子どもの本をどう選ぶかは、常に繰り返され、これからも続く課題だろうと思います。

　出版状況については、毎年新刊児童書は約3,000タイトル出ており、そのうちの1,000点は絵本が占めるという状況がここ数年続いています。

　絵本は、本の中で独自なジャンルで、0歳から上はボーダレスとなり、ブックスタートの活動から、最近では地域のケアホームやデイサービスのような高齢者の施設でのおはなし会などでも、絵本を読むという活動が徐々に広がりつつあります。そうした絵本の占める割合が非常に高くなってきたなかで、いつ、どこで、何のために、何歳くらいの子に読むのかという選ぶ目的にそった本えらびの経験を交流しあっていきたいものです。

戦後70年「平和あってこそ子どもの本」に込めたねがい

　戦後70年目という節目を意識した戦争と平和に関する本が今年はいろいろ出版されました。次世代へ平和をどう伝えていくかという時に、どういった絵本や児童文学を子どもたちに伝えていくかというのが、これからの一つのテーマになると思います。この1、2年に出された本の中で、例えば、空襲・疎開・日本の敗戦を時系列にまとめ　戦後の日本の状況を写真で歴史的に述べた『ビジュアルブック　語り伝えるアジア・太平洋戦争　全5巻』（吉田裕文　新日本出版社）の沖縄を含めて全てを書いたというシリーズとか、『ガザ　戦争しか知らない子どもたち』（清田明宏　ポプラ社）の、戦争しか知らないで大きくなっているパレスチナのガザ地区の子どもたちを描いた写真絵本は、戦火の中でどうガザを再建するか、立ち上がっていこうとする人たちの意欲が伝わってきます。特にガザの子どもたちが日本の3.11のときに思いを寄せてガザからタコを上げてエールを送るという写真が載っていますが、自分たちがこれだけ厳しい過酷な被害の中にありながらも、日本の福島の問題にも心を寄せる子どもたちに視点を当てた「ともに」という連帯の志が写真絵本にはあると思いました。

子どもたちに戦争をどう伝えていくか

　『被爆者〈続〉　70年目の出会い』（会田法行写真・文　ポプラ社）は、広島・長崎・福島で被爆した方々の写真集ですが、被爆された方たちが、この記憶を若い人たちにどう語っていくかという役割を考えさせられます。

　朽木祥が新刊『8月の光・あとかた』（小学館）を書き下ろし2編加えて出しました。原爆の記憶をどう伝えるかについて、個々の原爆体験をもとにして、それを普遍的な時代共有の記憶として伝えていけたら

という願いがよみとれます。

　この８月に出た『タケノコごはん』（大島渚文　伊藤秀男絵　ポプラ社）は、著者の子どもが小学生だった時、「お父さんかお母さんが子どものころのことを、お父さんかお母さん自身に作文に書いて来てもらいなさい」と

いう宿題で、大島渚が子どものころのことを書いた長文の作文が絵本になりました。この中で、クラスの中にとてもわんぱくな坂本君という子がいたが、お父さんが戦争に招集され戦死してしまってから非常に乱暴になってしまう。学校の先生が戦争に行き、代わりに新しくいらしたとても子どもたちに慕われる先生にもまた召集令状が来た。子どもたちが先生のうちに別れに行きタケノコご飯をごちそうになるが、無言で食べていた坂本君が「先生　戦争に行くなよ」と、ひとこと言って涙をぽろぽろ流したというシンプルな作品ですが、「戦争に行くなよ」という万感こめた子ども自身の思いを吐露した、子ども自身の主体的な一語が、印象的な絵本でした。

記憶をどう継承していくか

　広島を描き続けてきた朽木祥は、広島を記憶するということは未来に２度と同じ過ちを繰り返さないように警戒することと同じだ、と述べています。

　こうした戦争の記憶を継承する際、戦争の悲惨さを日本の人々が蒙っただけではなくて、中国や朝鮮半島など、海外の人々にも、どれだけ過酷な被害を与えたかという、そのことにも視点をあてた作品づくりも必要なのではと思います。

　このたび出た『生きる　劉連仁の物語』（森越智子著　童心社）は、中国人の劉さんが強制連行され、北海道の炭鉱に連れてこられて厳しい過酷な労働に従事する中で、自分の誇りを失わず、何とか脱出しようと試みて逃亡し、北海道の山中で実に13年間一人生き抜いた逃亡生活をリアルに描いており、外国の人に与えた被害というものを痛切に受け取ることができる作品だったと思います。

　私たちがこういったいろいろな作品を通して、改めて戦争の記憶を次の世代に伝えていく上で子どもの本の力を大いに期待していきたいと思います。

　文科省は、しきりに道徳教育ということを言っています。道徳教育で何を推奨したいのか、おそらくそれは、日本人としての自覚を持たせようということだろうと思うのですが、道徳を教科化することは納得のいかない話です。道徳が評価され、成績がつくということになる、そうした中で、ある地方の子育て支援課が乳幼児の絵本で道徳心を培うということで、道徳教育の推進にかかわる配布絵本希望調査というのをしています。これには、道徳教育の推進のためになぜ子どもたちに絵本を配るのかといういくつもの「ねらい」が書いてあります。主な狙いとして、自分自身に関係すること、健康や安全に気を付け、物や人生を大切にし、身の回りを整え、わがままをしないで、規則正しい生活をする、自分がやらなければならない勉強や仕事をしっかりして、よいことと悪いことの区別をしっか

り守る、うそをついたりしないということなどが書いてあります。

そうしたことが、地域の子どもと本を結ぶ活動で利用されるということについては、厳しい批判の目を持っていく必要があるのではと思っています。

今年は戦後70年の節目ということで、交流集会のテーマも「平和あってこそ子どもの本」と決めましたが、この平和ということを親地連大会で決めたのは今回が初めてではありません。第3回交流集会（茨城高萩での大会）でも「みつめよう　平和に生きる力で」というタイトルで開催をしています。

1981年、今から34年前のこの大会になぜ平和ということを打ち出したのかというと、『大きなかぶ』『おかあさんの木』『夕鶴』『かさこじぞう』『一つの花』など、私たちが子どもの本として親しみ、国語の教科書教材にも取り上げられていた一連の作品に対して、偏向しているという攻撃が背景にあったからです。そうした中で、私たちの集会が開かれたわけですが、何よりも表現の自由にかかわる攻撃に対して「ノー」ということを言っていくことのたいせつさ、『一つの花』『おかあさんの木』にこめられた平和の大切さということを打ちだすことを意識した第3回のスローガンでした。

この70年、常に平穏に平和が維持されてきたのかというと決してそうではありませんでした。平和を脅かす危険な状況もある中で、それに対するノーという70年であったのではないかと思います。

今回残念なことに、戦争法案が通過してしまいました。私たちはまた気のぬけない時代に入ったともいえるわけですが、そうした中で平和をどう保っていけるのだろうか、このことについては、『古田足日さんからのバトン』（かもがわ出版）という本の中で、古田さんが問題提起をしています。私たちは平和をどう守るか、その場合平和は何よりも素手で守る、それは言葉の力で努力をしながら守っていくということです。

改めて子どもと本の出会いをつくるということが、その時代の大きな課題にもつながるのだと思います。日常の一つひとつの小さな点を大切にしながら、小さな点と点の積み重ねがどれだけ大きくなっていくかといったことを考えながら、出会いを作っていく活動に心を込めていきたいと願っています。

この二日間限られた時間ではありますが、皆様にとりまして有意義な2日間になることを心から期待しています。

第21回　全国交流集会
子どもと本―平和と自由あってこそ
2017年10月14日

私たちをとりまく問題

みなさん、こんにちは。ようこそご参加下さいました。心より感謝申し上げます。

今回第21回全国交流集会を開催するにあたって、私たちを取り巻く国際的な、あるいは社会的な動向は厳しい情勢だったと感じました。例えばアメリカと北朝鮮との軍事的な緊張感の高まりがありますし、日本を見ても本当に平和を希求しているのかと懸念を抱かざるを得ない状況にあります。ノーベル平和

賞を受賞した核兵器廃絶国際キャンペーン（ICAN）も、核廃絶の国際条約になぜ日本が批准しないのかと、日本政府の姿勢を非難しています。唯一世界でヒロシマとナガサキに原爆の被害を被った国である日本が、なぜ国際条約に署名しないのかということです。また2017年に多くの人々の反対にも関わらず「共謀罪」法が成立してしまいました。来日した国連特別報告者ケナタッチ氏も強い懸念を示し、「日本政府は表現の自由、プライバシーを守れ」と発言しています。私たちの暮らしにとって、この法律が足かせにならないようにと念ずるばかりです。日本がこれからも自由と平和を守っていかれるのか、今その瀬戸際に立たされたと言えます。子どもたちに本を手渡していく私たちの立場から、これから私たちの力でどう平和と自由を訴えていかれるのかということが大きな課題となってきます。

　子どもの状況や特徴についてある新聞が、「ラン発と自殺防止」と言うタイトルをつけました。「ラン発」と言うのは来年1年生になる子どものために、いかに早く高級ないいランドセルをゲットするか、その競争がとてもすごいのだそうです。そうした子どもの教育に対する親の加熱した動きがある一方、それとは対照的に挙げられた言葉が自殺防止です。

　夏休みが終わって新学期が始まる時に自殺が起こりやすいので、先生たちは夏休みが終わってこれからという時に大変神経を使われるということです。これらが子どもの特徴的な状況でもあるわけです。ユニセフの2016年の発表では、子どもを持つ家庭の所得格差は、先進国41カ国中日本が8番目に大きい

と指摘されています。子どもの貧困という問題が大変大きくなり、子ども食堂なども社会的な問題として取り上げられていますが、そうした状況の中で私たちが子どもと本を結び、どうやって子どもと一緒に本を楽しむことができるかということが問題となってきます。

　またご承知のように、指導要領改定で道徳が教科として入りました。道徳というのは人間の心の在り様であって、いったい人間の内面を教育の中で評価するというようなことができるのだろうかと思います。大変気になる文教政策です。また日本の伝統文化を大事にしようということも言われて、それ自体は決して悪いことではないのですが、例えばある教科書会社がアスレチックで遊んでいる子どもたちの写真を載せようとしたところ、琴と三味線に変更しろと指示があったなどという、ナンセンスな話があります。こうした道徳の教科化に伴う大変懸念される状況があります。このような状況の中で、私たちはどう平和と自由を守っていかれるのか、考えていかなければなりません。

今、子どもの本の状況は

　朝日新聞文芸欄のトップに子どもの本が取り上げられるのは、とても珍しいことですが、9月12日付文芸欄のトップは「今児童書が熱い」とのタイトルで、取次店の8月の月間ランキングの上位3位までを児童書が独占したという内容でした。過去にランキング1－3位を児童書が独占したことはまずなかったと思います。8月のトップは「おしりたんてい」（トロル作　ポプラ社）で、次に『ざんねんないきもの事典』（今泉忠明著　高橋書店）

です。これまで児童書はじわじわと売れて長く売れ続けるというパターンだったのが、近年は爆発的に売れるものが出てきているとのコメントでした。

親地連の『子どもと読書』編集部では毎年新刊児童図書の出版点数調査をしています。昨年の集計では3,608冊出ています。その特徴としては、学校図書館向けのセット本が多いことです。これは学校図書館向けセット本であればそれなりの部数が見込めるという営業的な理由もあるでしょうし、一方で教科との連携で資料として使えるもののニーズがあるからそれに応えたいという、両方が考えられます。2番目の特徴は分類8の語学が多かったことです。今度小学校で英語が正式教科として入りました。それに対応して、小学校向けの英語の本などで語学分野が3倍に増えています。

絵本はずっと1000点ほどで推移していますが、その中で目を引いたのは、今まであまり出なかったアフリカやインドの民話が紹介されたことです。これは2015年に出たタンザニアの絵本『しんぞうとひげ』(しまおかゆみこ再話 M.チャリンダ他イラスト ポプラ社)です。独特の色彩感覚があり、今まで日本の子どもたちになじみのなかった国の絵本が、意欲的に刊行されたことがうれしいです。また科学絵本、生き物や自然現象をとらえたノンフィクション絵本に意欲的な作品が多くあります。例えば『つちはんみょう』(舘野鴻 偕成社)、本物はもっと小さいのでこれが実物大と勘違いされるといけないので、手渡す人に少し配慮が必要ですが、生き物の生態とか肉眼では見えないところを見せてくれるノンフィクションの楽しみがあります。

児童文学は80年代以降、子どもの本と大人の本とのボーダーレス化が進み、今もさらに進んでいます。例えば絵本『希望の牧場』(岩崎書店)や幼年童話も書いている森絵都が、今年『みかづき』(集英社)という小説を出しました。学習塾を経営するある一家の三代記で、教育とは何かに迫る大変意欲的なものです。朽木祥も『あひるの手紙』(佼成出版社)などの楽しい幼年童話も出していますが、最近出したのは『海に向かう足あと』(KADOKAWA)というディストピア小説、救いのない小説です。これは今の時代への警告だと思います。

後藤竜二は亡くなって7年が経ちますが、彼の『野心あらためず―日高見国伝』(講談社)、東北の蝦夷たちが大和朝廷の侵略に対して闘う児童向けの読物が、今度大人の文庫として出されました。こうした民衆の抵抗を描いた骨太の作品は、児童文学の中でも大変貴重な存在だったとあらためて感じました。

子どもと本をむすぶ活動から
―実践面での状況と課題

子どもに本を手渡す現場では、読み聞かせ

の時に何を読もうかと本を選ぶことが現実的な悩みになっています。自分自身がその作品をどう読んだか、自分の読みを深めていくことも大事で、そのためには自分と一緒に活動している仲間と実践や体験を交流し合うことで、自分では気づかないところに気づかせてもらえる発見もあります。

　子どもをとりまく文化環境では減少する書店の問題があります。先日発表された書店数調査では2000年と比べて4割減り、全国で約12,500店になっているそうです。朝日新聞の投書欄に「先日駅前の本屋さんがなくなりました。本好きの私にとってはとても残念です。その本屋さんが閉店すると貼紙が出され、ささやかな花束を持って子どもがお別れの挨拶に伺いました・・・」という投書がありました。かつては子どもの生活の周りに本屋さんがあって、子どもと本の出会いの場の一つになっていたことがうかがえます。

　今は、10分で子どもを寝かしつける『おやすみ、ロジャー　魔法のぐっすり絵本』（カール＝ヨハン・エリーン　飛鳥新社）の朗読CDとか、赤ちゃんを寝かせるスマホアプリとかがあり、幼少期から映像文化に囲まれています。このような状況の中で、子どもと本を結ぶどのような活動が、どういったところでなされているのかを考えてみたいと思います。

　一般的には学校で朝の読書の時間に読み聞かせをしていることが多いのですが、学校だけではなく幼稚園・保育園・図書館・学童保育、また養護施設や病院、お寺、さらに子どもだけでなく高齢者施設などでの活動も増えています。そこでは読み聞かせやおはなし会、語り、ブックトークなどが多かったのです

が、近年はビブリオバトルという手法も活用されています。特にブックトークは小学校中・高学年からとても効果があって、ブックトークが終わると子どもたちは一斉に借りていきます。

　今若い方は仕事を持って働いていますから、ボランティアの集まりでよく聞かれるのが、若い世代にどうやって継承していくか、若い世代との繋がりがなかなかつくりにくいといった悩みです。これからも若い世代が読み聞かせに関わるとしても、仕事に行く前の短い時間を学校に寄って読み聞かせをしていくとか、また女性だけでなくて若い父親の参加、男性の参加なども見られます。

　現場で実際に見受けられるのが、参加する子どもの低年齢化です。よく図書館などのおはなし会に本を用意して行ってみると、そこにいたのは赤ちゃんを抱っこしたお母さんだったという話です。地域での活動で小学校3年生以上に接することは困難で、低年齢化が一般化しています。赤ちゃんや幼児についてはブックスタートなどの実践が蓄積されてきていますが、小学校中学年以上に出会うにはどうしたらいいのか、ということがあります。

　今まで学童保育は保護者が働いている場合に限られていましたが、国の施策もあって一般家庭の子どもも、児童館や学校で放課後を過ごすことが全国的に増えてきているようです。これから地域で子どもたちと触れ合うには、学校が終わってからのそうした場所で、放課後の指導員などとの連携が考えられます。こうした活動はすでにありますが、さらに広がるだろうと思われます。

　個々の活動には悩みがあるのですが、その共通の悩みを解決するのに地域での連絡会があります。市町村だけでなく県単位の連絡会

もあります。昨日親地連では地域連絡会交流会を開きましたが、日本ではこうした横のつながりの実践が1970年代からずーっと積み重ねられてきており、30年・40年という長い歩みを持っている連絡会もあります。そうした連絡会が実践と経験の蓄積としてブックリストを作っています。例えば『岡崎 読み聞かせボランティアがつなぐ子ども・本・心』がありますし、『きみには関係ないことか』を作った京都の文庫連の活動、長崎でも文庫連の作ったブックリストがあります。それまでの草の根的な実践の集約としてブックリストが作られることは、私たちの貴重な共有財産ではないかと思います。

すべての子どもに本との出あいを創るために

　言葉を考えると、言葉には話しことば、書きことばがありますが、今は「打ちことば」というのが出てきました。これはパソコンやスマホのキーを打って書かれたことばのことです。「あけおめ」と言えば「あけましておめでとう」。2010年が電子書籍元年と言われましたが、今子どもは日常的にスマホなどを使い、話し言葉、書き言葉、打ち言葉に遭遇するわけです。しかし原則的には時代が変わって状況が変わっても、ボランティアとして活動するときに変わらないこと、ボランティアとして共有し大切に守りたいこと、それはどういうことだろうかと考え、2005年の全国交流集会で話し合い共有したまとめがあります。

　それは子どもにとってよりよい本との出あいを実現するために、自分にとっての学びを豊かにし経験交流を大切にしていくこと、接する子どものプライバシーを守り平等に接していくこと、ボランティアだからといって好きにやるだけでは済まないことを自覚し活動のルールを守っていくこと、ボランティア活動から学んだ共有の問題を改善していくために、経験を共有すること。こうした原則を確かめ合ったことがあります。これは今も、これからも大切に守っていきたいことだと考えています。

　子どもと本を結ぶ活動でも地域でできる領域は限られています。しかしささやかな経験であっても子どもと接する中で考えたり感じたりした気づきというのは、私は大変貴重なことだと思っています。誰が考えても納得できる気づきであれば「こうしよう」と地域や行政に提言していく、提言者としての役割は、草の根の力として大事にしていっていいことだと思います。

　道徳が教科となったことで、道徳と本を重ね合わせるような方向があり、例えば副読本として使うために「いたずらをしなくなる絵本ってありますか？」という相談があったと、ある学校司書から聞きました。そう相談されたときに学校司書としてどう答えるか。子どもの内面に関わることに制約を加えたり、規制をするようなことに対しては抵抗していきたいと思います。

　『子どもと読書』（2016年11・12月号）に、東大大学院教授の秋田

喜代美氏が国立青少年教育振興機構から委託を受けた読書調査の膨大なデータ分析の報告として「学校内での個人差よりも、学校間格差が公立中学校間でも大きいことがはっきりしたことである。つまり十代の生徒たちが一番長い時間を生活している学校間に、公教育で格差がある。どの学校に通うかで、本との出会いの良質な経験が出来るかどうかが決まってくるという結果である。小さい時の家庭環境の影響は児童期半ばまでは影響を及ぼすが、その後には学校環境の影響の方がより大きい」と書いています。つまり中学生では、その通う公立中学校がどのような読書環境であるかによって、影響を受けるという結果です。

ここからあらためて、地域での公立学校に格差を生んではならないと思います。私たちが子どもと本を結ぶ活動を続けていく上で、地域の学校がどのような整備状況にあるのかに関心を持って関わるということが求められていくと思います。私たちの力だけではなく、公立図書館や学校図書館の役割が非常に大きいと思います。今公立図書館でも民間委託が増えていて、民間委託化されたときにどうなっていくのかを危ぶみます。公立図書館としては、子どもに本を手渡すことを保障する段階的な取り組みを長期的に作っていくことが職員として求められます。しかしその図書館が民間委託されてしまうと、どのような意欲的な職員であっても民間委託の場合は長期的な見通しが立てられないことになります。大体が5年ぐらいまでで人が変わってしまい、子どもと本の出あいを保障することに大きな支障をきたします。ですから民間委託については反対する姿勢を持っていくことが必要だと思います。

学校図書館では、そこで働く人の勤務条件が、何校もの掛け持ちや勤務時間の制約、低賃金などきびしい待遇問題を含んでいます。そうしたことの改善について市民として、また子どもと本を結ぶ活動をしている立場から、目配りもあっていいのではないかと思います。

いろいろなメディアが登場して読書をめぐる環境が変わっていくにしても、ボランティアをしている人たちに何が一番力になりますかと尋ねると、やっぱり子どもだと言います。それは子どもに本を読んだときに「今度いつくるの」とか「また来てね」とか言われると、しんどいとか、そろそろやめようかと思っていても、子どもたちのその一声を聞くことでまた元気をもらっていると答える方々が実に多いです。それはどんな子どもであっても潜在的に本が好きという気持ちがあるからではないか、と思います。ある小学校6年生の少しゆっくり発達している男の子の書いた作文ですが「本がつまらないとすぐ返してしまいます。それから僕は字があまり小さいと読む気がしなくなるのです……漢字が得意ではないので、その部分の意味がわからなくなるので、本はあまり好きではありません。でも僕は本が好きになりたいです。なぜかというと本を好きになれば、漢字も読めるようになるし国語の教科書もスラスラ読めるようになると思うからです。でも本がスラスラ読めなくていやです。でも本が好きになりたいです。」優等生的な作文ではなく、私はこの作文に心を打たれました。やっぱり子どもは自分を成長させたいという潜在的な願いを持っていると思うからです。その気持ちを受け止めて、

どう子どもと本の出会いを保障するのかという意味で、あらためて言葉の力、本の力を考えました。

今日講演してくださる落合恵子さんのエッセイに『風が咲く時』(鎌倉書房)という本があります。「一本の木がある(中略)一陣の風が吹く。強い風だ。／すると、風を身体全体で受け止めた木は、一瞬、葉裏を見せる。／何万という葉が、いっせいに葉裏を見せる。その瞬間、木全体が、鈍い銀色に輝く。／木は銀色に燃える一本の炎と化す。／葉裏にみっしりと密生した産毛が、日の光を浴びて、そうなるのだ。／それが、私には風が咲いたように見える。／そして、次の瞬間、木はいつもの見慣れた姿に戻る。／日常の暮らしのなかにも、そんな瞬間がある。／光の加減や風の向き、なによりも、こちらの心の状態ひとつで、あらゆるものが姿を変えて、心に迫ってくる一瞬がある。誰かに告げたいような、自分ひとりの心にたたんでおきたいような、そんな一瞬。」

いろんな言葉がありますが、「風が咲く時」という言葉を読んで、「咲く」という言葉を使われたその感性にも驚いたのですが、あらためて言葉の力、その広がり、可能性に思いを馳せると同時に、言葉ってすごいなと思いました。

最後に紹介したいのは『アウシュヴィッツの図書係』(アントニオ G イトゥルベ著 集英社)です。主人公は14歳の少女で、過酷なアウシュヴィッツの収容所の中に、子どもたちの学びの場所が密かにあって、そこに図書館があったのです。図書館というと大きな建物を想像すると思いますが、そうではなくてわずか8冊の本を隠して、教室へ運んでいました。いつガス室へ送られるかもわからない過酷な状況の中でも、この本を読むことによって彼女は心を自由に解き開くことができたんです。「ディタにとって本を開けることは汽車に乗ってバケーションに出かけるようなものだった。」

あらためて本の力というものを思わないわけにはいきません。

限られた２日間ではありますが、どうかこの２日間が皆さまにとって実りあるものとなりますことを念じて、私の話を終えさせていただきます。

アピール・要望等
（2012年－2019年）

すべての学校図書館に「専任・専門・正規」の学校司書を

　親子読書地域文庫全国連絡会・日本子どもの本研究会共催による「学校図書館のつどい」は、過去17回にわたって豊かな学校図書館の実現を目指して集会を開き、多様な角度から教育の今日的課題を見つめ、またさまざまな地域における学校図書館の実践を数多く見聞し学んできました。その中で私たちは、子どもたちの幅広い読書や主体的な学習を支えるには、何をおいても学校図書館の充実が急務であること、とりわけ直接子どもたちに働きかける立場の司書教諭と学校司書が、車の両輪のごとく滑らかに連携し協働することが学校図書館の可能性を広げていくのだということを、確信するに至りました。また新学習指導要領でも、思考力・判断力・表現力等をはぐくむとともに、主体的な学習を養う「言語活動の充実」が謳われており、これらは、学校図書館を教育の中心に据え、豊かな学校図書館を実現し活用することではじめて実現すると考えられます。

　しかし現状では、1997年の学校図書館法一部改正により12学級以上の学校に司書教諭が発令されるようになったものの、車輪の片方である学校司書については依然として法定された職ではありません。それでも長年にわたる現場の要請と実践の蓄積、市民運動の高まり、自治体の努力により、全国の小中学校の約半数近くに学校司書配置が進んできました。身分の不安定さなどが大きな障害となり、学校図書館のはたらきを十分につくりだすことが困難な状況もありますが、学校司書の重要性が広く認識されるようになってきたことも事実です。さまざまな雇用形態・職務内容・資格・呼称の違いをこえて、こうした日常的な学校司書の働きによって学校図書館はその機能を発揮し、読書の楽しさを支えるとともに探究型の学習に欠くことのできない重要な教育施設であることを実証してきました。

　今回、議員立法による学校司書の法的位置づけを目指す学校図書館法改正の動きは、学校図書館を中心とした豊かな教育を実現するための一歩になるものであると、期待いたします。

　私たちは法改正の機運が高まる中で開かれた「第17回学校図書館のつどい」において、主体的な学びの基盤となる学校図書館の更な

る充実を願って以下のことをアピールします。

◇すべての学校図書館に、専任・専門・正規の学校司書の配置を望みます。
◇学校司書の専門的働きを支え、保障する法改正を求めます
◇国が、学校司書配置のために財政上の措置を講じることを求めます。

2012年10月13日
第17回学校図書館のつどい　参加者一同

親地連は安全保障関連法案に反対します！

子どもたちに、武器を持たせてはいけない。
子どもたちに、意味なく人を憎む理由を
　　与えてはいけない。
子どもたちから平和で自由な未来を
　　奪ってはいけない。
子どもたちが安心して日々を過ごし、
　　そして安心して自分たちの子どもを
　　育てられる　そうした社会を守っていか
　　なければいけない。

　私たち親子読書地域文庫全国連絡会（親地連）は、子どもたちの伸びやかな成長を願い、地域での読書会や家庭文庫のネットワークとして45年にわたって読書運動を続けてきました。昨年末の「特定秘密保護法」制定に続き、今回の「安全保障関連法案」の制定の目論みは、憲法九条をないがしろにし、子どもたちの未来を脅かす大変危険な法案と考えます。ここに子どもたちの健やかな成長を一途に願う者として、「安全保障関連法案」に断固として反対します。

2015年7月
親子読書地域文庫全国連絡会世話人一同

私たちは安全保障関連法に反対します！

子どもたちに、武器を持たせてはいけない。
子どもたちに、意味なく人を憎む理由を与え
　　てはいけない。
子どもたちから平和で自由な未来を奪っては
　　いけない。
子どもたちに、安心して日々を過ごし、
　　安心して自分たちの子どもを育てられる
　　社会を手渡さなければいけない。

　私たち親子読書地域文庫全国連絡会（親地連）は、子どもたちの伸びやかな成長を願い、地域での読書会や家庭文庫のネットワークとして45年にわたって読書運動を続けてきました。第20回を迎える今回の全国交流集会でテーマを「平和あってこそ　子どもの本」としたのは、昨年末の「特定秘密保護法」に続いて「安全保障関連法案」が審議中であったことに大きな危惧を抱いてのものでした。しかし残念ながら市民の大きな反対にもかかわらず、9月に安全保障関連法は成立してしまいました。これが憲法九条をないがしろにし、子どもたちの未来を脅かす大変危険な法であることは明白です。またその成立過程を見ても、民主主義の根幹をなし崩しにする横暴なものでした。私たちは戦後70年の節目の年を、戦争に向かう分岐点として迎えてしまったのではないでしょうか。非常に大きな憤りを禁じ得ません。

　親地連はここに、子どもたちの健やかな成長と平和な未来を願う者として、「安全保障関連法」成立に対して抗議します。そしてこれからも、戦争国家を目指すどのような企みがあろうとも、それらを阻止する運動を続けることを決意し、ここに集う参加者とともに、

それぞれの地域でも地道に運動を続けていくことを誓います。

私たちはこの法を廃止へと追い込み、平和憲法をかたく守り抜きます。

2015年10月4日
親子読書地域文庫全国連絡会
第20回全国交流集会参加者一同

おやちれんは「テロ等準備罪」＝「共謀罪」に反対します

親子読書地域文庫全国連絡会（親地連）
代表　広瀬恒子

私たち「親子読書地域文庫全国連絡会」は、これまで「すべての子どもに読書のよろこびを！」を合言葉として、地域や図書館や学校などの場で子どもたちに本を手渡し、子どもたちとともに本を楽しみ、子どもたちの豊かな未来を願って活動を続けてきました。

私たちの活動の基本にあるのは、本を読むよろこびを日常的に享受できる環境をどの子どもにも保障すること、その中で子どもたちが伸びやかに生き生きと育っていくよう地域社会に働きかけ、また広く社会に発言し行動することにあります。子どもたちがこれからも、戦争や暴力や理不尽な迫害にあうことなく平和で豊かな未来を生きていかれるように、できる限りの努力を続けていきたいと考えています。

今、過去3回も廃案になったにもかかわらず、「共謀罪」が再び「テロ等準備罪」と名前を変えて新設されようとしています。この法律は、私たちの行為だけではなく、内心の自由や思想すらも処罰の対象にしかねない恐ろしい法律です。そして私たち、ごく普通の

市民の生活や発言が警察によって絶えず監視され密告が奨励される、息の詰まるような監視社会を許してしまう法律です。市民が自由に考え、話し合い、発言することすらも制限されてしまったら、それはもはや自由な社会とは言えなくなってしまいます。

このような恐怖社会を招来するような「共謀罪」を成立させてしまうことは、憲法9条の改悪とそれに続く戦争への危険な道を許すことになりかねません。

子どもたちの平和で安全でしあわせな未来を、私たちはなんとしてでも守らなければなりません。子どもたちが自由に学び、考え、その考えを表明し、発信できる社会を、私たちの時代で終わりにしてしまうことは絶対にできません。

子どもたちの平和な未来のために、私たちは断固として「テロ等準備罪」に反対します。

2017年5月27日
親子読書地域文庫全国連絡会 世話人一同

今こそ　ことばを力に！

親子読書地域文庫全国連絡会第21回全国交流集会において、私たちは各地から集まった仲間たちと、「今こそ　ことばを力に！」のテーマのもと、子どもと本をむすぶさまざまな活動や意見を交流し、学び合いました。子どもたちが置かれている困難な状況についても学びを深め、地域で直面する多種多様な課題への取り組みも知ることができました。それだけでなく、子どもたちやよりよい社会のために、いたるところでたくさんの仲間たちが多彩で地道な活動を精力的に繰り広げていることにも励まされました。

いま、私たちをとりまく暮らしや社会には、

「表現の自由」や「知る権利」がおかされかねない危険な状況があります。私たちが何よりも大切に守りたいと思っている自由で平和な社会は、「表現の自由」や「知る権利」がなければ成り立ちません。だからこそ、子どもの本や読書の自由を大切に守る「ことば」を大きく、力強く伝えていきたいと思います。そして、一人ひとりの尊厳を守ることのできる平和な社会を、しっかりと次の世代に手渡していきましょう。

　ひとりひとりの子どもが本と出あい楽しむことができる読書環境をより充実させ、「すべての子どもに読書のよろこびを」保障できますよう、次への一歩を歩んでまいりましょう。

2017年10月15日
親子読書地域文庫全国連絡会
第21回全国交流集会　参加者一同

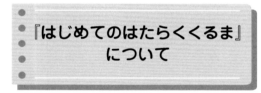

『はじめてのはたらくくるま』について

講談社様
講談社ビーシー様

2019年5月
親子読書地域文庫全国連絡会
代表　原　良子
世話人一同

　私たち親子読書地域文庫全国連絡会は、1970年の発足以来、「すべての子どもに読書のよろこびを！」を合言葉に活動を続けてきました。私たちが目指してきたことは、生まれや環境に縛られることなく、すべての子どもたちが多種多様な本と出会い、喜びや悲しみ、感動や励まし、希望や夢とともに生きる力を見いだし、現実の社会をたくましく生きていくことです。子どもたちの幸せな現在と子どもたちの明るい未来を、本の力を通して、可能にすることです。

　今日、多文化共生は社会の大きな要請となっています。子どもたちには、歴史や文化、言語や宗教、肌の色や嗜好の違いを超えて、さまざまな国や人びとと出会い交流し、お互いの違いを認め合い理解しあえる寛容な社会の実現に向かって歩んでほしいと願っています。長い歴史を通して私たち人類は、争うことの虚しさを痛感し、お互いの利害や憎悪を超えて歩み寄る方法を学んできたと思います。

　そうしたことを可能にするには、どのような本を子どもたちに手渡したらいいのか、私たちは慎重に考え、選びたいと思います。特に学齢前の幼児を対象とした本については、作る側も手渡す側も、大人に対するそれとは全く比較にならない大きな責任を伴うものであると考えます。今回貴社が刊行された標記の本には、自衛隊の車両などが6ページにわたって掲載され、あたかも戦うことが日常の一コマであるかのような印象を与えるものとなっています。あえて3歳からの幼児に向けての本として発行されているなかに、このような写真がなんらの躊躇もなく掲載されていることに、私たちは驚きとともに大きな憤りを感じざるを得ません。

　この本の発行についてぜひ熟慮をお願いします。人気のシリーズであるのであればなおのこと、幼い子どもたちに向けての本作りのあり方を今一度見直してください。幼ければ幼いほど、手にする本の影響は相対的に大きくなります。戦争について何にも知らない子どもたちに向けて、戦争を肯定するような本をあえて出す必要があるのでしょうか。

　貴社の慎重な対応を切にお願いいたします。

親子読書地域文庫全国交流集会一覧

	年月日／会場	テーマ	記念講演	実行委員長	友だち村村長
第1回	1977/7/23・24 稲城市よみうりランド会館（参加900名）	すべての子どもに読書のよろこびを	松谷みよ子「作品とわたし」	土屋洸子	二本松肇
第2回	1979/7/27・28 佐倉市湖畔荘草ぶえの丘（参加700名）	お互いの経験に学び合いその成果を地域に生かそう	早乙女勝元「おとな・こども・生きること」	土屋洸子	井上洋一
第3回	1981/7/25・26 茨城県高萩市大心苑	見つめよう平和と生きる力を	岸武雄「いま、いちばんたいせつにしたいこと」	濱野恵美子	広瀬伸二
第4回	1983/7/23・24 秩父市農園ホテル（参加650名）	子どもの現状と読書運動の可能性	後藤竜二「子どもとともに生活を築く仲間たち」	新井竹子	新井仁史
第5回	1985/7/28・29 御殿場市東山（YMCA）	豊かさの中にあって今、子どもたちに何を伝えようか	赤木由子「生きること、書くこと、育てること」	佐野節子	夏目章子
第6回	1987/7.26.27 嵐山国立婦人教育会館	読書は子どもたちにどんな力を育てるか	増山均「子育て新時代の親子読書運動」	川久保武子	鈴木活美
第7回	1989/7/29・30 稲城市よみうりランド会館	真実を見つめ、人と本との豊かな結びつきを創る	村中李依「子どもとともに『わたし』を生きる」	広井ひより	荒垣恒明
第8回	1991/7/28・29 秩父市ナチュラルファームシティ	今こそ愛と平和を子どもたちに	暉峻淑子「豊かに生きているのかしらいま子どもたちは」	松本光子	山下礼士
第9回	1993/7/26・27 国立婦人教育会館	夢を育てて、生きる力に	高山智津子「夢を育てて、生きる力に―子どもの内面に呼びかけて」	梶原順子	山崎章秀
第10回	1995/7/29・30 茨城県水海道市あすなろの里	今、まもりたいもの、育てたいもの、伝えたいもの	汐見稔幸「地球時代を生きる子どもたちに」	岩崎惇子	武藤　主
第11回	1997/7/26・27 国立婦人教育会館	やっぱり本っていいよね	那須正幹「子どものおもしろい本」	佐藤澄子	中村禎行
第12回	1999/7/25・26 ヌエック（国立婦人教育会館）	こころにまくたね21世紀	たつみや章「21世紀へのメッセージ―『なりたい自分』をもたせたい」	土井美香子	宮石基己
第13回	2001/7/29・30 ヌエック	本のぬくもり子どものこころ	にしまきかやこ「自作を語る」	小室敦子	石澤雄大
第14回	2003/7/27・28 ヌエック	子どもと本をつなぐひと	富安陽子「物語が生まれるとき」	中村隆子	石澤雄大
第15回	2005/7/24・25 ヌエック	ひろげよう本との出合い 人との出会い	あさのあつこ「今、子どもたちに伝えたいこと」	増山正子	時田実代子
第16回	2007/9/29・30 オリンピックセンター	これからの子ども・本・人出会いづくり	松岡享子＆広瀬恒子　対談「これからの子ども・本・人　出会いづくり」	西村敦子	
第17回	2009/10/3・4 オリンピックセンター	ひとりひとりの力をよせあって	朴英淑「誰もが夢みる権利を行使する社会のために」 長谷川摂子「子どもたちとこの幸せを―やめられない絵本よみ」	近藤君子	
第18回	2011/9/24・25 オリンピックセンター	子ども・本・人をつないで	アーサー・ビナード＆木坂涼「親と子の夜 いっしょに不安と向き合うために」 藤田浩子「人に育てられて人になる―幼児教育に携わって50年」	水越規容子	
第19回	2013/10/12・13 オリンピックセンター	一人ひとりの読書をたいせつにする社会を	朽木祥「物語の力」 杉山亮「子どもとものがたりのいい関係」	原良子	
第20回	2015/10/3・4 オリンピックセンター	平和あってこそ子どもの本	あべ弘士「地球はどうぶつでいっぱい」 那須田淳「アンネ・フランクからの伝言―僕たちは戦争をどう伝えていくのか」	福田晴代	
第21回	2017/10/14・15 オリンピックセンター	今こそことばを力に！	落合恵子「誰でもかつては子どもであり、誰でもいつかは高齢者に」池内了「進展する軍学共同と子どもの未来」	江藤裕子	
第22回	2019/10/5・6 オリンピックセンター	つながろう つなげよう ことば	ドリアン助川「クロコダイルの恋」髙橋樹一郎「子どもと本をつなぐ人々の流れのなかで」	大橋道代	

『子どもと読書』 特集一覧　（2000年以前は30周年記念誌に掲載）

年	号	特集タイトル
2000年		
1・2月号	319	「子ども読書年」―実りあるものにするために
3・4月号	320	99年 子どもの本 この一年
5・6月号	321	親地連30年のあゆみ
7・8月号	322	くらしの中の平和
9・10月号	323	森絵都の作品世界
11・12月号	324	いま、子どもに人気の本／プレゼントするならこの1冊
2001年		
1・2月号	325	二十一世紀を生きる子どもたちへのメッセージ
3・4月号	326	2000年 子どもの本 この一年
5・6月号	327	「子ども読書年」見えてきたこと、引き継いでいきたいこと
7・8月号	328	岡田淳の作品世界
9・10月号	329	総合的な学習と学校図書館
11・12月号	330	読書ボランティアを考える
2002年		
1・2月号	331	あかちゃんと絵本
3・4月号	332	2001年 子どもの本 この一年
5・6月号	333	学校での読みきかせプログラム
7・8月号	334	夏休みおすすめ本
9・10月号	335	後藤竜二の作品世界
11・12月号	336	ファンタジーってなに
2003年		
1・2月号	337	読書は自分にとって何か ―子ども時代の読書体験から
3・4月号	338	2002年 子どもの本 この一年
5・6月号	339	守ろう　自然環境
7・8月号	340	富安陽子の作品世界
9・10月号	341	学校での読みきかせ・おはなし
11・12月号	342	子どもと本をつないで ―第9回地域連絡会交流会から
2004年		
1・2月号	343	「平和」を考える ―現在を伝える子どもの本
3・4月号	344	2003年 子どもの本 この一年
5・6月号	345	小林豊の作品世界
7・8月号	346	紙芝居はいま
9・10月号	347	子どものための環境の本
11・12月号	348	おはなし会での著作権

『子どもと読書』特集一覧

年	号	特集タイトル
2005年		
1・2月号	349	十代の読書
3・4月号	350	2004年 子どもの本 この一年
5・6月号	351	あさのあつこの作品世界
7・8月号	352	平和 ―子どもたちと考えあい、どう伝えていくのか
9・10月号	353	読書ボランティアとボランティア活動を活かすもの
11・12月号	354	子どもの本に描かれた家族像
2006年		
1・2月号	355	アジアの子どもの本（絵本）はいま
3・4月号	356	2005年 子どもの本 この一年
5・6月号	357	荒井良二の作品世界
7・8月号	358	平和を守りつづけるために
9・10月号	359	おはなし会での著作権　part 2
11・12月号	360	本をえらぶ
2007年		
1・2月号	361	やってみよう、ブックトーク
3・4月号	362	2006年 子どもの本 この一年
5・6月号	363	子どもにとってマンガの魅力とは
7・8月号	364	上橋菜穂子の作品世界
9・10月号	365	ことば豊かに ―詩集も使ってみませんか―
11・12月号	366	「平和？」な日本から平和を考える
2008年		
1・2月号	367	これからの子ども・本・人　出会いづくり
3・4月号	368	2007年 子どもの本 この一年
5・6月号	369	読書ボランティアを考える
7・8月号	370	子どもたちの好きな本ってなーに？
9・10月号	371	長谷川摂子の作品世界
11・12月号	372	子どもに平和を伝える
2009年		
1・2月号	373	そうだ、紙芝居があった
3・4月号	374	2008年 子どもの本 この一年
5・6月号	375	長谷川義史の作品世界
7・8月号	376	いま、韓国の子どもの本と読書は
9・10月号	377	子どもの本を選ぶ ―死を通して命を考える
11・12月号	378	平和の種をまく人

年	号	特集タイトル
2010年		
1・2月号	379	"図書館のある"くらし
3・4月号	380	2009年 子どもの本 この一年
5・6月号	381	神沢利子の作品世界
7・8月号	382	子どもの本と平和
9・10月号	383	北欧の子どもの本に思いを馳せて
11・12月号	384	学校図書館、市民としてできること
2011年		
1・2月号	385	一人ひとりのニーズにこたえて 一たのしい読書の世界を
3・4月号	386	2010年 子どもの本 この一年
5・6月号	387	追悼 後藤竜二 一その作品と活動一
7・8月号	388	マンガと子どもの文化
9・10月号	389	アーサー・ビナード＆木坂涼の作品世界
11・12月号	390	いま、あらためて「平和」を考える
2012年		
1・2月号	391	3・11を経験して　今、子どもたちのために何ができるか
3・4月号	392	2011年 子どもの本 この一年
5・6月号	393	日本の昔話一語ること、伝えること
7・8月号	394	長谷川摂子さんが遺してくれたもの
9・10月号	395	子どもの権利条約に光をあてよう
11・12月号	396	子どもの命を守ってこその平和
2013年		
1・2月号	397	いま、本を選ぶ
3・4月号	398	2012年 子どもの本 この一年
5・6月号	399	多文化社会を生きる 一子どもの本を通して伝えたいこと
7・8月号	400	朽木祥の作品世界
9・10月号	401	虫はともだち
11・12月号	402	電子書籍ってどんなもの？ 一子どもの読書にとって
2014年		
1・2月号	403	子どもの自由で自発的な読書のために 一『はだしのゲン』問題をきっかけに
3・4月号	404	2013年 子どもの本 この一年
5・6月号	405	子どもの居場所
7・8月号	406	追悼 まど・みちおさん
9・10月号	407	私たちののぞむ学校図書館とは
11・12月号	408	追悼 古田足日さん その作品と評論

『子どもと読書』特集一覧

年	号	特集タイトル
2015年		
1・2月号	409	日本の神話の世界へ
3・4月号	410	2014年 子どもの本 この一年
5・6月号	411	植物の本と子どもたち ―植物の本のたのしさを―
7・8月号	412	あべ弘士の作品世界
9・10月号	413	今、子どもたちに戦争をどう伝えていくか
11・12月号	414	子どもの居場所 Part2
2016年		
1・2月号	415	子ども図書館のいま
3・4月号	416	2015年 子どもの本 この一年
5・6月号	417	翻訳作品を手渡すということ ―子どもたちに広く大きな世界を―
7・8月号	418	どうなる、これからの子どもの教育
9・10月号	419	「宇宙」の本と子どもたち ―宇宙の本のたのしさを―
11・12月号	420	十代の読書のいま ―子どもの生活の中で―
2017年		
1・2月号	421	子どもにとってのこわいはなし ―日本の伝承からさぐる―
3・4月号	422	2016年 子どもの本 この一年
5・6月号	423	これからの読書ボランティア
7・8月号	424	平和が脅かされている！
9・10月号	425	森絵都の作品世界
11・12月号	426	障がいのある子どもの読書
2018年		
1・2月号	427	恐竜の本と、進化と、子どもたち
3・4月号	428	2017年 子どもの本 この一年
5・6月号	429	「特別の教科 道徳」をどう考えるか
7・8月号	430	平和を守るために
9・10月号	431	マイケル・モーパーゴの作品世界
11・12月号	432	追悼　かこさとしさん
2019年		
1・2月号	433	ことばあそびの豊かさ
3・4月号	434	2018年 子どもの本 この一年
5・6月号	435	子どもたちと憲法
7・8月号	436	ドリアン助川の作品世界
9・10月号	437	すべての子どもに読書の喜びを！
11・12月号	438	昔話の魅力

※以上の資料は日本図書館協会に全巻揃っています。

親地連出版物リスト

書　名	発行年	本体価格
第 1 回親子読書のためのセミナー・記録		
第 2 回親子読書のためのセミナー・記録	1972	
第 3 回親子読書のためのセミナー・記録	1973	
第 4 回親子読書のためのセミナー・記録	1974	
第 5 回親子読書のためのセミナー・記録	1975	
第 6 回親子読書のためのセミナー・記録	1976	
第 7 回親子読書のためのセミナー・記録	1977	
第 8 回親子読書のためのセミナー・記録	1978	
第 9 回親子読書のためのセミナー・記録	1979	
第 1 回地域連絡会交流会記録　1987/5/31	1987/11/29	500 円
第 2 回地域連絡会交流会記録　1989/5/28	1990/4/16	600 円
第 3 回地域連絡会交流会記録　1991/5/26	1991/7/23	400 円
第 1 回全国交流集会記録　1977 年 7 月 23・24 日	1978/5 月	
第 2 回全国交流集会記録　1979 年 7 月 27・28 日	1980/3 月	
第 3 回全国交流集会記録　1981 年 7 月 25・26 日	1981	
第 4 回全国交流集会記録　1983 年 7 月 23・24 日	1983/11/10	
第 5 回全国交流集会記録　1985 年 7 月 28・29 日	1985/11/20	900 円
第 6 回全国交流集会記録　1987 年 7 月 26・27 日	1987	1,000 円
第 7 回全国交流集会記録　1989 年 7 月 29・30 日	1989	1,000 円
第 8 回全国交流集会記録　1991 年 7 月 28・29 日	1991/11/25	1,000 円
第 9 回全国交流集会記録　1993 年 7 月 26・27 日	1993/11/20	1,000 円
第 10 回全国交流集会記録　1995 年 7 月 29・30 日	1995/11/20	1,000 円
第 11 回全国交流集会記録　1997 年 7 月 26・27 日	1997/11/20	1,000 円
第 12 回全国交流集会記録　1999 年 7 月 25・26 日	1999/11/10	
第 13 回全国交流集会記録　2001 年 7 月 29・30 日	2001/12/20	500 円
第 14 回全国交流集会記録　2003 年 7 月 27・28 日	2003/11/10	500 円
第 15 回全国交流集会記録　2005 年 7 月 24・25 日	2005/12/10	500 円
第 16 回全国交流集会記録　2007 年 9 月 29・30 日	2008/2/20	300 円
第 17 回全国交流集会記録　2009 年 10 月 3・4 日	2010/1/20	
第 18 回全国交流集会記録　2011 年 9 月 24・25 日	2012	600 円
第 19 回全国交流集会記録　2013 年 10 月 12・13 日	2014	600 円
第 20 回全国交流集会記録　2015 年 10 月 3・4 日	2015	700 円
第 21 回全国交流集会記録　2017 年 10 月 14・15 日	2018	700 円
ひろがる親子読書運動－ 1973 年親子読書運動アンケートを集計して	1973	
1976 年度親子読書運動アンケート報告	1976	
子どもの本の実践書評　親地連 / 本研編集　岩崎書店発行	1977	850 円
親子読書・地域文庫全国連絡会実態調査 1978 年	1979	
サンタクロースってほんとうにいるの？ 暉峻淑子氏講演録	1984	
シンポジウム　文庫の今とこれから　記録	1985	500 円
資料集　請願・陳情・要望書－すべての子どもに読書の喜びを	1986	400 円
資料集　請願・陳情・要望書－すべての子どもに読書の喜びを II	1989	600 円
学校図書館　請願・要望書等資料集	1998/3/30	700 円
人のいる学校図書館　日野市の場合	1992/8/1	700 円
やってみない？！	1997/3/16	500 円
よかったよ　この本－子どもがえらんですすめる	1999/7/20	850 円
子どもと本と学校図書館　1999/10/17	2000/6/20	400 円
いきいき読書ボランティアガイドブック	2006/3/1	600 円
やってみようブックトーク	2007/7/31	600 円
これからの子ども・本・人　出会いづくり　　対談集	2008/2/20	600 円
けやきの木陰につどう－韓国・ヌティナム図書館からの報告	2011/3/5	500 円
子どもの読書－子どもの未来を考える	2011/9/25	600 円
親地連この十五年	1985	
歩んできた　歩んでゆく－20 年のあゆみ	1990/7/1	1,300 円
子どもと本をむすんで－30 周年－	2000/7/28	1,100 円
読書の喜びを子どもたちに－親地連の 40 年	2012/6/20	1,100 円
読みきかせおばさんの絵本かれんだあ	1997/7/1	1,000 円
読みきかせのためのブックリスト（高学年版）	2003/7/1	900 円
読みきかせのための絵本カレンダー（0 才〜低学年）	2004/3/30	900 円
読みきかせ絵本 260　高学年向（2003 〜 2009）	2009/10/1	1,050 円
おやちれんがすすめる　よみきかせ絵本 250　低学年向（2003 〜 2012）	絵本塾出版 2013/7	1,300 円
親地連がすすめる　読みきかせ絵本 250　高学年向（2004 〜 2014）	絵本塾出版 2015/5	1,300 円

親子読書地域文庫全国連絡会規約

(1976,5,30 改正　1984,4,22 改正　1986,5,25 改正　1988,5,29 改正
1994,5,29 改正 1996,2,26 改正　2000,5,14 改正　2008,5,31 改正)

【総　論】

第1条　この会は、親子読書・地域文庫全国連絡会と称する。

第2条　この会の事務局は、事務局担当者宅におく。

第3条　この会は、子どもの読書に関心のある団体および個人によって構成され、それぞれの個性を尊重し相互に連絡提携して、子どもの文化向上に寄与することを目的とする。

【機　関】

第4条　（会員）この会の会員は、第3条の目的に賛同する団体および個人ならば、思想・信条のいかんを問わず、だれでも入会することができる。

第5条　（役員）この会は、世話人若干名をおき、世話人の互選により、つぎの役職をおく。

　　　　1、代表　　　　　　1名
　　　　2、副代表　　　　　2名
　　　　3、事務局担当　　若干名
　　　　4、会計担当　　　　2名
　　　　5、機関誌担当　　若干名
　　　　6、事業部担当　　若干名
　　　　7、会計監査　　　　2名（会計監査は会員の中からの推薦による）

第6条　世話人は、会の目的にそった方針を立案し運営執行にあたる。

第7条　世話人は、世話人会の議決により、つぎのことを行う。

　　　　（1）代表は会を代表する。
　　　　（2）副代表は、代表を補佐する。
　　　　（3）事務局担当は、事務を処理する。
　　　　（4）会計担当は、会計事務を処理する。
　　　　（5）機関誌担当は、機関誌を発行する。
　　　　（6）事業部は、第12条（2）（3）項を企画する。

第8条　世話人の選出は、選挙管理委員長が立候補者をあらかじめ会員に通知し、総会において承認をうける。

第9条　世話人の任期は2年とする。但し、再任をさまたげない。

第10条　（1）この会に相談役をおくことができる。相談役は世話人会が委嘱する。
　　　　（2）この会に準世話人をおくことができる。準世話人は世話人会が委嘱する。

第11条　この会の総会は、2年に1回行うことを原則とし、つぎのことを審議する。

　　　　（1）世話人を選ぶ
　　　　（2）事業報告・決算報告
　　　　（3）事業計画・予算立案

【事　業】

第12条　この会は、次の事業を行う。

　　　　（1）機関誌を発行し、会員の経験交流を図る。
　　　　（2）会員の要請に応じて講師・助言者の紹介をする。
　　　　（3）交流会・講演会・子どもと読書講座などを開催する。
　　　　（4）その他、目的を達成するための事業。

【会　費】

第13条　この会の会費は、団体、個人とも年額5,000円とする。（機関紙『子どもと読書』年間購読料を含む）

第14条　この会の入会は、会費をそえて代表に申し込むことにより成立する。

第15条　脱会は、文書をもって代表に届ければよい。

【会則の改廃および解散】

第16条　この会の会則の改廃および解散は、会の8分の1の要請にもとづき臨時総会を開き、出席した会員の3分の2以上の同意による。

【付　則】

第17条　下記については、細則を設ける。

（1）世話人の選挙　　　（2）会計内規　　　（3）事務局内規　　　（4）事務所管理規定

第18条　この会則は、1970年4月12日より発効する。

親地連世話人名簿

1期
1970〜1971
上岡 功
小松 斉
清水美千子
○関日奈子
◎坪井昭英
丹羽信子
広瀬恒子
水越泰己子
宮地玲子
村上照男

会計監査
上村治子
矢野四年生

2期
1972〜1973
上岡 功
上田綾子
川口ひろ子
関野冨貴子
北川倶美
駒崎初子
清水美千子
関日奈子
土田和子
坪井昭英
◎丹羽信子
○広瀬恒子
深谷則子

古川良子
矢野四年生

会計監査
宮地玲子

3期
1974〜1975
浅田太佳子
飯塚智恵子
上岡 功
川口ひろ子
北川具美
杉山英夫
土田和子
◎丹羽信子
原 良子
○広瀬恒子
宮地玲子
村上照男
山田よし恵
渡辺クミ

会計監査
上田綾子
山口勝己

4期
1976〜1977
飯塚智恵子
上岡 功

川口ひろ子
岸川和子
北川幸比古
北川具美
岸 和子
◎土屋洸子
○広瀬恒子
的場嘩子
村田芙美子
桃沢洋子
屋代節子
山田よし恵

会計監査
飯野美恵子

5期
1978〜1979
飯塚智恵子
岩屋貞三
上岡 功
大松幾子
神田美枝
岸川和子
車田 寿
◎辻 和子
土屋洸子
早川菊子
○広瀬恒子
堀口ひろ子
松原愛美子
的場嘩子

桃沢洋子
山田よし恵

会計監査
長谷川幸男
藤原芳子

6期
1980〜1981
飯塚智恵子
上岡 功
岸川和子
河本利広
城田恵美子
◎辻 和子
永島初子
二階堂美恵
長谷川幸男
早川菊子
○広瀬恒子
松下道子
松原愛美子
的場嘩子
山田よし恵
横田節子

会計監査
高畑里子
浜野恵美子

7期
1982〜1983
飯塚智恵子
上岡 功
梅田 文
◎岸川和子
金光桂子
近藤幸子
柘植承美
二階堂美恵
野村豊子
長谷川幸男
浜野恵美子
早川菊子
○広瀬恒子
松下道子
松原愛美子
的場嘩子
村尾芳之
山田よし恵
横田節子

会計監査
阿部信子
斉藤高子

8期
1984〜1985
荒石勝江
上岡 功
梅田 文
大沢三枝

◎岸川和子
近藤幸子
宝井泰子
柘植承美
中村みや子
二階堂美恵
長谷川幸男
馬場和子
浜野恵美子
○広瀬恒子
松原愛美子
松本光子
三木三江子
山岸一義
山下光子
山本和彦

9期
1986～1987

阿部ひさ子
井上律子
和泉田靖子
上岡 功
川松ゆり
◎岸川和子
小泉照子
近藤幸子
柘植承美
長谷川周
馬場和子
浜野恵美子
○広瀬恒子
松原愛美子
三木三江子
山本和彦

会計監査
斉藤珠江
田井能君

10期
1988～1989

阿部ひさ子
荒石勝江

奥津芳枝
川久保武子
小泉照子
小林弥栄子
◎近藤幸子
今野貴子
田丸静子
中村隆子
新田トク子
浜野恵美子
○広瀬恒子
三木三江子
山下光子
山本千晶

会計監査
藤木まゆみ
松本光子

11期
1990～1991

荒石勝江
阿部ひさ子
新井竹子
奥津芳江
川久保武子
小泉照子
小林弥栄子
◎近藤幸子
今野富喜子
中村隆子
中山順子
新田トク子
田丸静子
広井ひより
○広瀬恒子
松本照子
村島光子
三木三江子
山下光子
山本千晶

会計監査
篠崎真知子

高橋愛子

12期
1992～1993

荒石勝江
阿部ひさ子
◎新井竹子
市川光代
奥山ゆかり
小泉照子
小林弥栄子
秀城素子
中村隆子
新田トク子
浜野恵美子
広井ひより
広瀬恒子
樋山多美子
○三木三江子
村島光子
山下光子
山本千晶

会計監査
篠崎真知子
高橋愛子

13期
1994～1995

荒石勝江
阿部ひさ子
◎新井竹子
市川光代
神下典子
小泉照子
小林牧子
竹下その子
秀城素子
中村隆子
新田トク子
浜野恵美子
広井ひより
広瀬恒子
古山洋子

福田晴代
松本婦佐子
○三木三江子
村島光子
森村郁子
山下光子

会計監査
藤原郁子
衣川敦子

14期
1996～1997

新井竹子
阿部ひさ子
市川光代
小泉照子
小林牧子
秀城素子
篠沢治子
富本京子
中村隆子
新田トク子
浜野恵美子
◎広瀬恒子
福田晴代
古山洋子
松原博世
三木三江子
○村島光子
森村郁子
山下光子
矢部美津子
山田明美

会計監査
石山暢江
高橋由紀子

15期
1998～1999

新井竹子
阿部ひさ子
市川光代

岩崎惇子
小泉照子
小林牧子
秀城素子
篠沢治子
園田とき
富本京子
中村隆子
浜野恵美子
◎広瀬恒子
福田晴代
古山洋子
松原博世
三木三江子
○村島光子
森村郁子
山下光子
矢部美津子
山田明美

会計監査
川久保武子
松本婦佐子

16期
2000～2001

新井竹子
阿部ひさ子
市川光代
小泉照子
小林牧子
篠沢治子
園田とき
富本京子
中村隆子
蓮見睦美
◎広瀬恒子
福田晴代
古山洋子
松原博世
三木三江子
○村島光子
矢部美津子

会計監査
石山勝江
熊谷泰世

17期
2002〜2003
新井竹子
阿部ひさ子
池井経子
市川光代
小泉照子
小林牧子
小林陽子
小室敦子
秀城素子
○篠沢治子
園田とき
中村隆子
平野淳子
◎広瀬恒子
福田晴代
古山洋子
松原博世
○村島光子
安高紀美
渡辺美恵

会計監査
小野寺るり子
藤原郁子

18期
2004〜2005
阿部ひさ子
市川光代
小泉照子
小林牧子
小林陽子
○篠沢治子
柴谷不二子
園田とき
中村隆子

平野淳子
◎広瀬恒子
古山洋子
増山正子
三木三江子
○村島光子
安高紀美

会計監査
石山暢江
矢部美津子

19期
2006〜2007
新井竹子
阿部ひさ子
市川光代
江森隆子
小泉照子
小林牧子
○篠沢治子
柴谷不二子
園田とき
中村隆子
古山洋子
西村敦子
長谷川幸男
平野淳子
◎広瀬恒子
増山正子
三木三江子
○村島光子
安高紀美

会計監査
安田保子
田倉京子

20期
2008〜2009
阿部ひさ子
市川光代
江森隆子
小泉照子

小林牧子
園田とき
篠沢治子
中村隆子
西村敦子
○二宮小夜子
◎広瀬恒子
三木三江子
○村島光子

会計監査
秀城素子
柴谷不二子

21期
2010〜2011
市川光代
江森隆子
小泉照子
小林牧子
近藤君子
篠沢治子
中村隆子
西村敦子
○二宮小夜子
◎広瀬恒子
廣谷妙子
三木三江子
水越規容子
○村島光子

会計監査
広井ひより
中西信子

22期
2012〜2013
市川光代
江森隆子
小泉照子
小林牧子
近藤君子
篠沢治子
中村隆子

西村敦子
原良子
◎広瀬恒子
三木三江子
○水越規容子
○村島光子

会計監査
古山洋子
平　淑美

23期
2014〜2015
市川光代
江森隆子
栗山由香
小泉照子
小林牧子
近藤君子
篠崎ミツ子
篠沢治子
中村隆子
西村敦子
原良子
◎広瀬恒子
三木三江子
○水越規容子
○村島光子

会計監査
北　美智子
田中奈津子

24期
2016〜2017
市川光代
江藤裕子
江森隆子
栗山由香
小泉照子
近藤君子
篠崎ミツ子
篠沢治子
中村隆子

原　良子
◎広瀬恒子
廣瀬美由紀
福田晴代
三木三江子
○水越規容子
村島光子

会計監査
秀城素子
久須美みな子

25期
2018〜2019
市川光代
江藤裕子
江森隆子
栗山由香
小泉照子
近藤君子
篠崎ミツ子
篠沢治子
田倉京子
◎原　良子
広瀬恒子
廣瀬美由紀
福田晴代
三木三江子
○水越規容子

会計監査
伴　紀子
清水陽子

_____

◎会長、代表
○事務局

年表　親地連50年のあゆみ

親地連発足まで

年	他団体など	子どもの文化・教育・社会の動き
1950	・全国学校図書館協議会（SLA）結成 ・長野県PTA母親文庫活動発足	・図書館法制定
1951	・みちおライブラリー（村岡花子）誕生	
1952	・福島県クローバー図書館（金森芳子）開館	・悪書追放運動提唱（中央青少年問題協議会）
1953	・大阪　地域文庫誕生（川崎なつ） ・児童図書館研究会発足（会長・小河内芳子） ・「少年文学宣言」（早稲田大学童話会） ・『子どもの図書館』（児童図書館研究会機関誌）創刊	・学校図書館法制定
1954	・『子どものしあわせ』（日本子どもを守る会機関誌）創刊	・日本図書館協会「図書館の自由に関する宣言」
1955	・東京世田谷　土屋児童文庫誕生 ・図書館問題研究会創立	・悪書追放三ない運動「買わない、読まない、売らない」
1957	・家庭文庫研究会（石井桃子、土屋滋子、村岡花子ら）発足	
1958	・東京杉並区　かつら文庫誕生（石井桃子）	
1959	・読書推進運動協議会創立 ・長野県PTA母親文庫運営協議会結成	・「子どもの読書週間」
1960	・鹿児島県「母と子の20分間読書」（椋 鳩十提唱）	
1961	・静岡県「茶の間ひととき読書」（清水達也） ・滋賀県「明日からの家庭を明るくするための本を読むおかあさん運動」	
1962		・青少年読書感想文、課題図書コンクールはじまる
1965		・『子どもの図書館』刊行（石井桃子著） ・家永三郎教育大教授が教科書検定を違憲として提訴
1967	・日本親子読書センター創立 ・東京　みたか・むさしの親子読書会発足	
1968	・日本子どもの本研究会発足 ・東京　世田谷親子読書会発足	
1969	・東京　桃園第3小学校PTA読書会発足 ・東京　ねりま地域文庫・読書サークル連絡会発足 ・「第1回全国子どもの本と児童文化講座」開催（日本子どもの本研究会）分科会「地域と親子読書」で全国連絡会を発足させることを確認	・児童図書館研究会「こども（家庭）文庫調査」

親地連50年のあゆみ

年	親地連の動き	他団体など	子どもの文化・教育・社会の動き
1970 (昭45)	・親子読書地域文庫全国連絡会発足（4/2東京・岩波ホール）記念講演　椋鳩十 ・「親地連ニュース」第1号発行 事務局：関日奈子宅（東京・練馬区） 会員数：個人72、団体19、計91	・近畿子どもの本連絡会・田無読書研究会・東久留米市地域文庫親子読書連絡会・東京 北区読書会連絡会・みやぎ親子読書をすすめる会発足 ・「子どもの本と読書の自由協議会」結成 ・都立教育研究所 有三青少年文庫の児童図書選書統制をめぐって ・東村山市の図書館づくり運動、市議会へ請願 ・東京都 図書館振興対策プロジェクトチーム発足（2～3kmに1館）	・中教審答申「国語教育権」の「4才からの早期教育」「飛び級制」「教育費の受益者負担」などに批判 ・東京地裁、教科書裁判で家永教授勝訴の杉本判決、「国民の教育権」を確認 ・ゲームもの玩具流行、ジュニア小説ブーム「おさな妻」、「ハレンチ学園」映画化 ・「アシュラ」などマンガが各地児童審議会で有害図書に指定
1971 (昭46)	・親子読書会指導者養成講座（1月～3月・6回、東京・武蔵野市） ・「親地連ニュース」13号で、月刊『親子読書』へ移行 ・月刊『親子読書』創刊8月号（編集：親地連/発行：岩崎書店） ・第2期親子読書のためのセミナー（東京・渋谷区）＝親子読書会指導者養成講座を改組	・秋田県よい本をすすめる会発足 ・『子どもの本棚』創刊（日本子どもの本研究会）	・「読書の指導」小学校で授業に入る ・小学校教育課程全面改正、新教科書使用 ・半数の子どもが授業についていけないと問題化（全国教育研究所連盟意見調査） ・「仮面ライダー」登場、スポーツものに代わり変身ブーム ・NHK「セサミストリート」放映開始 ・性教育マンガ論争、少年雑誌にポルノ登場 ・『ぼくらマガジン』『少年画報』休刊
1972 (昭47)	・第2回定期総会（渋谷区新橋会館）記念講演長崎源之助氏 総会アピール「都民にひらかれた有三青少年文庫を建設するための要望」 ・戸隠高原親子合宿（8.1～3） ・第3期親子読書のためのセミナー（全8回 東京・杉並区） 事務局広瀬恒子宅（東京・世田谷区） 会員数倍増個人・団体計196	・『親子読書運動』創刊（日本親子読書センター） ・京都子どもの本連絡会結成(48文庫) ・寝屋川子ども文庫連絡会・松原子ども文庫連絡会・八王子市文庫連絡会（5文庫）・よこはま文庫の会・世田谷親子読書会・大分市読書グループ連絡会・長崎市子どもによい本を！の会・いなぎ子ども文庫連絡会発足 ・各地で子ども文庫急増 ・日本親子読書センター夏の集会（400人参加） ・『日本児童文学』10月号"現代の読書運動"特集	・国際図書年 ・文部省の「母と子の読書コーナー」構想の補助をうけ各地に母親コーナー設置される ・子どもの自殺増加傾向（できる子、できない子の選別教育が原因の一つに「子ども白書」） ・市販テストの不使用運動広がる ・「新しい産業社会における人間形成」日本経済調査協議会発表 ・SL、パンダブーム、「マジンガーZ」人気

年	親地連の動き	他団体など	子どもの文化・教育・社会の動き
1973 (昭48)	・第4期親子読書のためのセミナー（全7回 東京・豊島区）/同記録誌発行 ・親子読書運動アンケートの実施 ・『ひろがる親子読書運動―1973年親子読書運動アンケートを集計して―』発行 ・戸隠親子スキー	・三鷹市地域家庭文庫親子読書会連絡会・奈良子ども文庫連絡会・京都子ども文庫連絡会・小樽、ふきのとう文庫・沖縄子どもの本をよむ会発足 ・山梨県立図書館で「一坪図書館」運動はじまる ・子どもの本専門店第1号「メルヘンハウス」誕生（名古屋市）	・国立教育研究所「国際理科テスト」で日本最上位と発表 ・教科書のあり方の関心が高まり、採択に父母の意見を取り入れる市も ・子捨て、子殺し相次ぐ、シンナー再燃、自殺・非行の低年齢化 ・『月刊絵本』（盛光社）、『子どもの館』（福音館書店）創刊 ・オセロゲーム、『ベルサイユのばら』人気、テレビでは「仮面ライダー」、「ガッチャマン」
1974 (昭49)	・第3回定期総会（東京 渋谷・代々木八幡区民会館）記念講演「読書のよろこび」丸岡秀子 ・第5期親子読書のためのセミナー（全7回 東京・千代田区労音会館）/同記録誌発行 ・戸隠親子スキー	・児童図書館研究会創立20周年 ・東京子ども図書館設立 ・仙台手をつなぐ文庫の会発足 ・「子どもの本を100冊読む会」四日市で発足 ・『子どもの本棚』"読書運動の原点に立って"特集（12月号） ・ねりま地域文庫読書サークル連絡会、図書費削減へ抗議復活に成功 ・読書運動の中から図書館づくり運動への関心深まる ・郡山市立図書館内「のらくろ」マンガ文庫人気	・田中角栄首相「五つの大切、十の反省」提唱 ・高校進学率、全国平均90％超える。高校増設大幅遅れ ・私学学費空前の値上がり、不況の中生活を圧迫 ・家永第1次教科書裁判で、検定は合憲と東京地裁判決 ・親子テレビ運動 ・消費遊興型非行目立つ ・超能力、オカルトブーム、「愛と誠」人気、テレビでは「猿の軍団」、「アルプスの少女ハイジ」
1975 (昭50)	・月刊『親子読書』で「母が子に語るとっておきの話」募集、三部作として刊行 ・春休み子どもまつり（東京・井の頭公園） ・『母が子に語るとっておきの話』作者との交流のつどい ・第6期親子読書のためのセミナー（全6回 東京・板橋区）/同記録誌発行 ・『親子読書』読者会開く（東京・世田谷区）	・福島県北地域・家庭文庫連絡協議会発足 ・しなの子どもの本研究連絡会結成・横浜市に図書館をつくる住民運動連絡会・所沢 入間文庫連絡会・郡山子ども文庫連絡会・八丈島子ども文庫連絡会発足 ・久留米市親子読書推進協議会発足 ・福岡市、市民の図書館と読書運動を発展させる会結成 ・黒石ほるぷ子ども館開設 ・「わたしのなかの子どもの本」刊行（児童文化を考える三鷹の母親のレポート） ・小樽市立図書館に障害児対象のくまざさ文庫開設	・文部省「道徳教育刷新計画」により、地域ぐるみで道徳教育推進 ・私学の公費助成を要求し1千万署名 ・東京高裁第2次家永訴訟で、杉本判決を支持し、家永勝訴 ・中学浪人全国で1万2千人（朝日新聞調査） ・暴走族集団犯罪化 ・遊びや手仕事への関心をと運動おこる ・民放労連、子ども番組改善で20項目要求 ・「およげたいやきくん」、超合金人形、マンガ「ガキデカ」（山上たつひこ）流行、テレビではマンガ「日本昔ばなし」、「欽ちゃんのドンとやってみよう」

年表 親地連50年のあゆみ

年	親地連の動き	他団体など	子どもの文化・教育・社会の動き
1976 (昭51)	・親子読書の実態調査のための アンケート実施 ・「1976年親子読書運動アンケート報告」刊行 ・第4回定期総会（東京・北区荒川小）記念講演 長崎源之助 ・第7期親子読書のためのセミナー（全6回 東京・葛飾区）/同記録誌発行 ・戸隠親子スキー	・青森県藤崎町読書団体連絡協議会・富山県 砺波市地域文庫連絡協議会結成 ・大阪子ども文庫連絡会発足（12市133文庫） ・日本図書館協会のなかに児童図書センター開設 ・明治生命が全国160カ所に「こども文庫」設置 ・『子ども文庫白書—みんな本がだいすき』発行（京都社会福祉協議会）	・小中学校主任制度施行 ・偏差値問題クローズアップ、業者テストの偏差値が高校選択の基礎資料に ・第21回子どもを守る文化会議で児童憲章25周年アピール ・ポルノ雑誌自販機追放運動
1977 (昭52)	・第1回親子読書地域文庫全国交流集会「すべての子どもに読書の喜びを」(7.23/24東京・読売ランド・900名参加)記念講演「作品とわたし」松谷みよ子 ・第8期親子読書のためのセミナー（全6回 東京・清瀬市）/同記録誌発行 ・『子どもの本実践書評』親地連・子どもの本研究会 共編（岩崎書店） ・戸隠親子スキー	・上尾市文庫連絡協議会結成（11文庫）、武蔵村山市文庫連絡会・愛知県春日井市文庫連絡会・和光文庫連絡会・東大阪子ども文庫連絡会・田無文庫連絡会発足 ・三多摩の図書館を考える会発足	・文部省「学習塾調査」小中学生約310万人が通塾の実態明らかに ・新学習指導要領案、君が代国歌化。公害、核記述削除、問題に ・新学習指導要領施行通達、学校の創意工夫を生かした「ゆとり」の活用希望 ・スーパーカー、テレビゲーム人気、テレビでは「ルパン3世」、「ヤッターマン」
1978 (昭53)	・親子読書地域文庫実態調査のためのアンケート実施（4月） ・『第1回全国交流集会記録』発行 ・第9期親子読書のためのセミナー（全5回 東京・新宿区）/同記録誌発行 ・第5回親地連定期総会（6.25世田谷区婦人会館ホール）記念講演 安藤美紀夫 ・『親子読書』児童文化講演会 灰谷健次郎「子どもに学び子どもと歩む」（10.22オリンピック記念青少年センター）	・水戸子ども文庫の会・和歌山県子どもの本連絡会・坂戸文庫親子読書の会・茨城文庫の会・取手文庫連絡会・知多文庫連絡会・川崎文庫・読書サークル連絡協議会発足 ・『くさぶえ—飯田地域文庫のあゆみ』刊（飯田地域文庫連絡会） ・宇都宮絵本図書館発足（市内の主婦による） ・文部省に陳情「子どもへの図書館奉仕」養成課程を必須科目にと4万人の署名を集める	・東京都中野区議会「教育委員準公選条例」可決 ・警視庁「少年非行の実態」によると少年非行は戦後第3のピーク、凶悪事件も低年齢化 ・脊柱側わん症増え、文部省、学校検診で早期発見を呼びかけ ・「ゆとりの時間」確保のため、負担過重と現場からの批判 ・『それゆけズッコケ3人組』刊 ・学校での落し物はカメラ、時計、万年筆、コートと高価なものだが、落とし主現れず ・子ども向け情報番組増加、SF、UFOゲーム人気 ・「国際児童年子どもの人権を守る連絡会議」結成 ・サラ金苦で一家心中や蒸発激増、孤児増える

年	親地連の動き	他団体など	子どもの文化・教育・社会の動き
1979 (昭54)	・『親子読書・地域文庫実態調査1978』発行 ・第2回親子読書地域文庫全国交流集会「お互いの経験に学び合い、その成果を地域に生かそう」(7.27/28千葉県佐倉くさぶえの丘・700名参加) 記念講演「おとな・こども・生きること」早乙女勝元 ・第10期親子読書のためのセミナー(10月 東京 北区) ・『親子読書』100号刊行	・京都府宇治文庫連絡会・鳥取県本の会連絡会・豊島区親子読書連絡会・君津市文庫 親子読書会連絡会・新座子ども文庫連絡会・栃木子どもの本連絡会発足 ・京都科学読物研究会発足 ・「わたしたちの望む横浜市の図書館」(横浜市に図書館をつくる住民運動連絡会)発行 ・東京23区に司書職制度の確立を推進する決議集会(文京区民センター) ・フォア文庫誕生(岩崎書店・金の星社・童心社・理論社による) ・鳥越コレクション12万点大阪府へ寄贈 ・日本国際児童文庫協会、帰国児童用ミニ図書館発足(だんだん文庫、ワンダー文庫) ・新座市とまと文庫、市立図書館分室へ ・長崎市内の文庫数180に増加	・国際児童年 ・山梨県教委、新1年生から1学級40人を決定 ・東京練馬区で、休日の学校図書館を地域に開放。各地に少しずつ広がる ・小学校入学から高校卒業までの教育費、10年前の3倍に ・小学校教科書大判化 ・障害児のための「さわる絵本」作り広がる ・アメリカ生まれの「親業」講座に反響 ・インベーダーゲーム流行 ・子どもの自殺激増、家庭内暴力表面化 ・中学生の間に深夜放送ファン増える ・「口裂け女」のうわさ広がる ・テレビ「コメットさん」、「赤毛のアン」、「ドラえもん」
1980 (昭55)	・親子読書司会者セミナー(2～5月全5回・新宿区) ・親地連10周年記念「春休み親と子のつどい」 記念講演 早船ちよ、大石真(4月 東京・四谷公会堂) ・第6期定期総会(5月 世田谷区経堂) 記念講演 代田昇 ・親子読書司会者交流会(1月世田谷区下北沢) ・第11期親子読書セミナー(11～12月全5回・板橋区高島平) ・『第2回全国交流集会記録』発行	・「科学読物研究会吉村証子記念文庫」開館(東京 武蔵野市) ・児童書文庫本合戦激化、講談社「青い鳥文庫」創刊 ・鹿児島県親子読書連絡協議会発足 ・宇都宮子どもの本連絡会発足 ・児童書の出版、発展に寄与された岩崎徹太氏没 ・京都市立図書館の財団委託に反対する運動 ・『親子読書の記録』長流文庫10周年記念誌(調布市立図書館発行)	・ゆとりの時間全小学校でスタート ・文部省学校基本調査 高校進学率94.2% ・東京都教育庁調査 就職をしない定時制進学者と浪人増加 ・少年非行、いじめ、自殺の増加、校内暴力、社会問題に ・出生率史上最低、3無児「しゃべらない、おこらない、笑わない」ふえる ・劣悪な「ベビーホテル」の実態明らかに ・「ゲーム&ウォッチ」発売、ルービック・キューブ大流行、テレビ「ドラえもん」、「あしたのジョー」人気

年表 親地連50年のあゆみ

年	親地連の動き	他団体など	子どもの文化・教育・社会の動き
1981 (昭56)	・親子読書司会者交流会(1月・世田谷区下北沢) ・京都市立図書館の財団委託を考える東京集会に参加、反対運動に加わる ・第3回親子読書地域文庫全国交流集会「みつめよう平和と生きる力を」(7.25,26茨城県高萩市) 記念講演「いま、いちばんたいせつにしたいこと」岸武雄 分科会に「子どもに平和の尊さを」加わる ・教科書問題で抗議のアピールを文部省、教科書協会へ (親地連・児文協他11団体) ・教科書の統制に反対し、国民のための1千万署名に取り組む (会員署名3千人) ・『親子読書』児童文化講演会 (7〜11月・北区、世田谷区、宇都宮市) 各地域連絡会との共催 講師：古田足日 ・親子読書司会者セミナー (11月〜82/1月・全3回 新宿区)	・松山家庭文庫連絡会発足 ・東京・多摩市文庫連絡会発足 ・季刊『子どもと本』創刊 (子ども文庫の会) ・日本科学読物賞創設 第1回受賞は『かがくのとも』(福音館書店) ・日本国際児童文庫協会発足 (帰国子女対象の文庫) ・長崎源之助氏『本のある遊び場』出版 横浜・豆の木文庫10年の経験をまとめて ・小河内芳子氏『児童図書館と私』出版 ・草津市子ども文庫連絡会発足 ・『年報こどもの図書館』(児童図書館研究会編) 全国の4,406文庫をリストアップ	・国際障害者年 ・文部省「校内暴力事件についての事例集」を作成し、県教委等へ配布 ・社会教育審議会「青少年の徳性の涵養」7年目に答申 ・自民党の「教科書偏向」攻撃に対する各方面からの抗議の声が高まり、大きな社会問題となる ・コンピュータ・TVゲーム「カセットビジョン」発売 ・『窓際のトットちゃん』ブームに ・「学習マンガ」ブームに ・10フィート運動の「人間をかえせ」「予言」の上映各地で ・テレビ「機動戦士ガンダム」、「Dr.スランプ」人気
1982 (昭57)	・第7期定期総会 (4月・東京駒込) 記念講演：鳥越信 ・親子読書司会者セミナー (11月〜12月全2回・千葉県松戸市) 松戸子どもの本研究会と共催 講師：波木井やよい ・親子読書経験交流会 (東京駒込) 講師：代田昇「いま親子読書を考える」	・日本親子読書センター創立15周年特集『親子読書運動』42号発行 ・佐賀県文庫連絡会発足 ・香川県子ども文庫連絡会発足 ・浦和子どもの本連絡会発足 ・『おかあさん、ごはんと本とどっちがすき』刊 (正置友子・吹田青山台文庫) ・『子どもが主人公』『子どもの村へ』刊 (横浜ひまわり文庫) ・『15年のあゆみ』(練馬・江古田ひまわり文庫) ・京都文庫白書『本と遊びと仲間たち』発行	・校内暴力、上半期989件発生、4605人を補導、警察庁調べ ・第2次家永訴訟差し戻し、実質的敗訴 ・中国、韓国政府から教科書検定に正式抗議、政府は記述修正を決める ・ガンダム根強い人気 ・シャープペンシルの台頭で、鉛筆の消費量減少 ・『日本国憲法』(小学館) ベストセラー1位 ・赤川次郎ブーム ・「昭和軽薄体」「ABC文体」が流行 ・「おもちゃライブラリー」運動全国に広がる ・「アラレちゃん」「なめねこ」大流行

年	親地連の動き	他団体など	子どもの文化・教育・社会の動き
1983 （昭58）	・第4回全国交流集会「子どもの現状と読書運動の可能性一すべての子どもに読書の喜びを」（7/23.24埼玉県秩父市・650名参加）記念講演「子どもとともに生活を築く仲間たち」後藤竜二 ・『親子読書』誌名を改め『子どもと読書』に（4月号から） ・「第4回全国交流集会記録」発行 ・親子読書のための入門講座（松戸市） ・親子読書経験交流会（東京・駒込社教会館）	・日本子どもの本研究会創立15周年記念出版『子どもの本と読書の辞典』 ・『みんなの図書館』5月号特集で、子どもの図書館利用減少傾向の実態 ・『やっぱり子どもは主人公一神奈川の子どもと図書館1983』刊行（図問研神奈川支部） ・石川子ども文庫連絡会、近江八幡文庫連絡協議会、日進町文庫連絡会、松戸親子読書地域文庫連絡会発足 ・『子どもの読書環境を見つづけて』堺市子ども文庫連絡会5周年記念誌発行 ・『輪をひろげる文庫活動』三鷹市地域家庭文庫おやこ読書会連絡会10年誌発行 ・『本と遊びと仲間たち』京都家庭文庫地域文庫連絡会 ・『いま生きている一親と子の本のつながりの中で』奈良子どもの本連絡会発行 ・『ねこれんのあゆみ』寝屋川子どもの文庫連絡会発行 ・『あゆみ』小平市子ども文庫連絡協議会10周年誌発行 ・『文庫はすてきな本のくに』鳥取家庭文庫連絡会現状報告	・校内暴力過去最高、教師への暴力激増 ・子ども部屋8割、専用テレビ1割、ステレオ2割、自転車9割（厚生省調査） ・総理府教育世論調査一教師の資質向上、小学校教育は道徳を、高校教育は多様性をもとめ、学習塾は必要悪とみる ・昭和57年度教科書検定、統制色かわらず ・教科書制度改革答申案出る、政治の介入色強く、現場教師から遠のくと批判 ・文部省、初めて教科書検定を公表 ・文部省、マンモス校を5ヵ年で解消の方針 ・キン肉マンケシゴム、50億円売上 ・『週刊少年ジャンプ』発行部数トップ ・中学生の間に覚せい剤汚染広がる ・刑法犯の52％が少年（非行白書）少年非行対策に警察、教委、PTAそれぞれに苦慮
1984 （昭59）	・第8期定期総会（4.22東京・駒込社会教育会館）記念講演「サンタクロースってほんとにいるの？」暉峻淑子 ・親子読書セミナー（9月3回・浦和） ・科学あそび・手あそびのセミナー（10月・北区） ・司会者セミナー（11〜12月東京・駒込） ・『サンタクロースってほんとにいるの？ 暉峻淑子講演録』発行 ・親子読書会経験交流会（東京・駒込社教会館）	・上越子ども文庫連絡会発足 ・阪南子ども文庫連絡会発足 ・大阪国際児童文学館オープン（5月） ・『10年のあゆみと劇場運動』全国こども劇場・おやこ劇場連絡会10周年記念誌発行 ・『おやことしょかん』松山家庭文庫連絡会発行 ・『きみには関係ないことか一戦争を考えるための子どもの本』京都家庭文庫地域文庫連絡会発行 ・『子どもの豊かさを求めて一全国子ども文庫調査報告書』刊（日本図書館協会） ・さっぽろ文庫の会10周年の集会	・警察官の警戒による卒業式減少 ・文部省「いじめ」の対策手引書作成 ・東京中野区の教育委員準公選に文相が廃止勧告 ・臨時教育審議会法成立（8月）25委員のうち現場教師2名、諮問内容に6・3・3・4制の見直し、入試制度の改善、道徳・情操教育の重視、家庭教育の活性化など ・ティーン向け雑誌のポルノ化が問題に ・テレビ離れ傾向出て、ラジオ志向増 ・小学生の読書量増え始める ・はしや鉛筆の持ち方絵本や矯正具大当たり

年表 親地連50年のあゆみ

年	親地連の動き	他団体など	子どもの文化・教育・社会の動き
1985 （昭60）	・シンポジウム「文庫のいまとこれから」親地連・日本親子読書センター・図書館問題研究会・児童図書館研究会共催（2.4東京都教育会館） ・親地連創立15周年記念講演（3.24　東京　南大塚ホール）記念講演 松谷みよ子「いま語りつたえたいこと」 ・第5回全国交流集会「豊かさの中でいま子どもたちに何を伝えるか」（7.28,29　静岡県御殿場市）記念講演「生きること、書くこと、育てること」赤木由子 ・東京足立区図書館、民間委託問題反対運動 ・親子読書会経験交流会（11.24東京駒込） ・『親地連この15年』発行 ・科学あそびのセミナー（2〜3月　埼玉・所沢）講師 坂内登美子 ・おはなしセミナー開催（5〜6月　世田谷区） ・『第5回全国交流集会記録』発行 ・『シンポジウム　文庫のいまとこれから記録』刊	・かごしま子ども文庫の会発足（5月） ・「読書の自由・世田谷問題協議会」発足集会（2.26東京都教育会館） ・山梨県1坪図書館、県から市町村へ移管完了（2.26） ・『読書運動のこれから』（さっぽろ文庫の会・札幌の図書館づくりをすすめる会発行） ・『長崎市子ども文庫まつり』長崎市子ども文庫連絡協議会10周年記念誌発行 ・「仙台手をつなぐ文庫の会10周年記念の集い」と記念誌『手をつなぐー10年の歩みー』発行 ・よこはま配本車打ち切り問題 ・京都市子ども文庫発足 ・石垣島子ども文庫連絡会・愛知西尾文庫連絡会・大阪狭山町文庫連絡会・松山子ども文庫連絡会発足 ・『体験的日本児童文学史』（関英雄）発行	・文部省,学校給食の合理化（委託、パートなど）を各県に通知 ・高校中退11万を超す ・「自由の森学園」開校、理想教育を目指す私立中高創立 ・臨教審第一次答申、個性重視を基本原則とし、「選択の機会拡大」を提唱 ・文部省、小中高の入学・卒業式に日の丸、君が代を求める ・法務省「いじめ」対策にのりだす ・少年ジャンプ『新年号』400万、雑誌史上新記録 ・毎日新聞読書調査、読む子、読まぬ子が両極化、中高では赤川次郎作品ブーム ・ノンタンシリーズ800万ベストセラー ・コミック本異常成長、1千億円を超す総売上額 ・ピーク超した少年犯罪、昨年につづき減少傾向
1986 （昭61）	・第9期定期総会（5.25 駒込社会教育会館）記念講演 高山智津子 ・親子読書経験交流会（11.30東京　駒込） ・『資料集 請願・陳情・要望書集』発行	・静岡県清水市親子読書会連絡会・土浦文庫連・京都城陽文庫連絡会・箕面市子ども文庫連絡会・埼玉県 図書館と文庫を考える会発足 ・吹田子ども文庫連絡会と子どもの本研究会を統合し、吹田子どもの本連絡会 ・日本児童文学者協会創立40周年講演と朗読の夕 ・JBBY世界大会（青山子どもの城） ・国家機密法に反対する図書館関係団体集会（11.28） ・名古屋みどり子ども図書館（佐藤宗夫設立）開館 ・『もうひとりの自分をさがしにー中学生のためのブックリスト』京都市文庫連絡会発行	・第一次教科書訴訟、検定を合憲と判決 ・「子どもの人権保障をすすめる各界連絡協議会」発足 ・文部省「学習塾調査」発表、小中学生の4人に1人が週2〜3日通う ・大学入学資格検定試験合格者、過去最高の2200人、6割が高校中退者 ・親業講座が繁盛、教師業講座も開設 ・アイドル歌手岡田有希子さん自殺、後追い自殺続出。少年の自殺去年より4割増加

99

年	親地連の動き	他団体など	子どもの文化・教育・社会の動き
1987 (昭62)	・第1回地域連絡会交流会（駒込32団体参加） ・第6回全国交流集会「読書は子どもにどんな力を育てるか」(7.26,27埼玉 嵐山)記念講演「子育て新時代の親子読書運動」増山均 ・第6回親子読書経験交流会（11.29練馬） ・『第6回全国交流集会記録』発行 ・『第1回地域連絡会交流会―いきいきした仲間の輪づくりを求めて』発行	・上越市子ども文庫連絡会・横浜文庫連絡会・山口県子ども文庫連絡会・高槻子ども文庫連絡会発足 ・北海道子どもの本のつどい第10回大会（札幌） ・くめがわ電車図書館20周年 ・日本親子読書センター20周年記念シンポジウム(8.19～21) ・「母と子の20分間読書」提唱の椋鳩十氏歿(12.17) ・『読み聞かせ この素晴らしい世界』（ジム・トレリース著／高文研）発行 ・『親子読書運動―そのあゆみと理念』（清水達郎／国土社）発行	・「生きた英語」を教える外人教師724人を採用、各地で教壇に立つ ・教育課程審議会答申、道徳重視、小低と高校で社会科消え、中学で習熟度別指導など ・日弁連「子どもの人権救済の手引き」まとめる ・「キャプテンシステム」に少年ハッカー、被害は全国的に ・毎日新聞学校読書調査、本好き、ややもり返す ・日米の専門家ら調査、日本の初中等教育はきわめて成功、大学教育は水準達成に失敗と評価 ・「ビックリマンシール」収集ブーム ・ファミコン国内出荷100万台に
1988 (昭63)	・第10期定期総会(5.29東京駒込社教会館)シンポジウム「いま、あなたの文庫、読書会では」池井経子・中野節子・後藤竜二 ・第7回親子読書経験交流会（11.27豊島区雑司ヶ谷）	・東京・練馬地域文庫読書サークル連絡会20周年 ・東京 世田谷親子読書会20周年 記念誌発行 ・第1回埼玉県図書館員と利用者の会 ・いぬいとみこ主宰ムーシカ文庫閉庫 ・草津子ども文庫連絡会編『子どもの本の春夏秋冬―ブックトーク記録集』発行 ・滋賀県子ども文庫連絡会結成 ・『この本おもしろいよ―10年のあゆみ』（愛知・春日井文庫連刊）発行 ・『ボチボチいきましょうー―おとなと子どもとそして本』（山口晶子）発行 ・『点燈集―読書運動20年―』（斎藤尚吾）発行 ・『文庫の集いNo5』(1988年度記録、名古屋子ども文庫連絡会)発行 ・『身近な図書館を求めて―その1』（福島市の図書館白書、福島市立図書館を育てる市民の会）発行	・文部省「エイズ」指導の手引き作成、校則見直し指示、塾を公認し文部行政に位置づけ ・週休二日制導入で全国にモデル校指定 ・不登校過去最高、不登校児の夜間中学入学急増 ・毎日新聞読書調査、幼児期の読み聞かせが影響大と発表 ・「子どもの人権弁護団」結成 ・「ドラゴンクエストⅢ」爆発的人気 ・『少年ジャンプ』500万部突破 ・アグネス子連れ論争 ・子どもの人口が初めて2割を割る（総理府） ・アニメ映画『となりのトトロ』好評 ・『てのり文庫』創刊、子どもの本も文庫ブーム ・『ちびくろさんぼ』が「黒人への偏見をあおる」と相次いで絶版、論議おこる

年表 親地連50年のあゆみ

年	親地連の動き	他団体など	子どもの文化・教育・社会の動き
1989 （昭和64/ 平成元年）	・第2回地域連絡会交流会「地域や学校との連携をめざして」（5.28 豊島区雑司ヶ谷） ・第7回全国交流集会「真実をみつめ、人と本とのゆたかな結びつきを創る」（7.29.30東京稲城市） 記念講演「子どもとともに『わたし』を生きる」村中李衣 大会アピール「学校図書館に専任の司書を！」 ・『第7回全国交流集会記録』発行 ・『資料集 請願・陳情・要望書集』発行 ・第8回親子読書経験交流会（11.26豊島区雑司ヶ谷）	・『子どもたちに読書のよろこびをNo6』発行（静岡県子どもの本 を読む会） ・佐賀よりよい図書館がほしい会発足（10） ・東京町田・私立鶴川図書館閉館 ・『佐倉の文庫10年のあゆみ』発行（佐倉地域連絡会） ・『夢いっぱい私たちの図書館』発行（仙台にもっと図書館をつくる会） ・『このゆびとまれ』発行（東京・巣鴨親子読書会） ・『へなそうる一谷中子ども文庫15年誌』発行 ・『地域文庫その広がりと深まり』発行（ねりま地域文庫読書サークル連絡会） ・東京・豊島親子読書連絡会10周年のつどい ・『あかり』発行（東京・豊島親子読書連絡会記念誌） ・『きぬたおやこどくしょ』発行（東京・砧親子読書会20年誌）	・「大喪の礼」で保育園・幼稚園・学校すべて休日に ・文部省、教科書検定制度改定案発表 ・新指導要領の告示、道徳教育、日の丸、君が代義務づけ、小学校低学年に生活科、中学英語週4時間に ・国民教育研究所「校則についての調査」結果と提言 ・第二次教科書裁判、一審判決取り消し、訴えを却下 ・大学生200万人超、大学進学率はじめて女子が男子超える ・大阪府堺市、初めて出席簿の男女混合決定 ・アンパンマンブーム、1000万部突破、少女小説文庫ブームに ・中学生間の人気者は「正義漢」より「ひょうきん族」
1990 （平2）	・シンポジウム「学校図書館に専任の職員を！」（2.24都立中央図書館）親地連・図問研・児図研・学図研4団体主催 ・新潟県小国へおはなしツアー実施 ・『第2回地域連絡会交流会記録』発行 ・第11期定期総会（4.22・豊島区雑司ヶ谷社教会館）記念講演 池上洋通 ・『歩んできた歩んでゆく一親地連20周年記念誌』発行	・『手をつないで』発行（仙台手をつなぐ文庫の会15年記念誌） ・『あおぞら』発行（ねりま地域文庫読書サークル連絡会20周年行事記録誌） ・『みんなに本を No7』発行（横浜の図書館を考える集い） ・「読書サイマル（30分）運動のキャンペーンを広げよう」（秋田県親子読書会）	・国際識字年 ・学習塾の全国組織社団法人「全国学習塾協会」発足 ・環境問題を取り上げた児童書の出版相次ぐ ・「ズッコケ三人組」シリーズ20巻刊行、通算1000万部販売 ・3人に1人が海外卒業旅行、豪華ツアーはやり
1991 （平3）	・学校図書館を考える講座（1.5/2.2 雑司ヶ谷社会教育会館） ・第3回地域連絡会交流会ー学校図書館問題で地域連絡会は何ができるか（5.26 東京都婦人情報センター） ・第8回全国交流集会（7.28.29秩父市ナチュラルファームシティ）テーマ「今こそ愛と平和を子どもたちに」記念講演「豊かに生きているのかしら、いま子どもたちは」暉峻淑子アピール「学校図書館に専任の人を」 ・親子読書セミナー（10、11月 東京都婦人情報センター） ・親子読書経験交流会（12.1松戸市婦人会館） ・『第10回全国交流集会記録』発行	・シンポジウム「学校図書館を考える」（1.15 大阪） ・「学校図書館を考える会・近畿」発足（10月） ・上伊那PTA母親文庫創立40周年記念集会 ・「学校図書館に司書をおこう！全国の運動を語り合うつどい'91」（12.21/22 岡山）	・遊びが室内化し、友人関係も表面的なものに（90年版青少年白書） ・高卒者の大学・短大進学率50％超す ・文部省「日の丸・君が代」を国旗・国歌と明記する新小学校教科書の検定内容を公開 ・大学入試センター試験始まる、受験者数455,855人 ・「ウォーリー」シリーズ、ブーム

年	親地連の動き	他団体など	子どもの文化・教育・社会の動き
1992 (平4)	・第12期定期総会（5.24東京都婦人情報センター）「学校図書館問題をめぐって」実践報告 高橋由紀子 ・『人のいる学校図書館－日野市の場合』発行	・「学校図書館を考える・さいたまネットワーク」発足 ・豊中市「学校図書館を考え専任司書配置を願う市民の会」発足 ・奈良子どもの本連絡会20周年 ・『わわわー文庫ってなあに』発行 滋賀県子ども文庫連絡会	・各地の「有害コミック」取締りに対し、「コミック表現の自由を守る会」発足 ・第1回全日本語りの祭り開催 ・新学習指導要領実施、中学は93年4月から ・公立学校週5日制スタート ・「クレヨンしんちゃん」人気
1993 (平5)	・第4回地域連絡会交流会－子どもと本の出会いの会発足に呼応して、地域連絡会はなにができるか－（5.23 東京都女性情報センター） ・第9回全国交流集会「夢を育てて、生きる力に」（7.26.27 嵐山国立婦人教育会館）記念講演「夢を育てて、生きる力に－子どもの内面へ呼びかけて」高山智津子 ・親子読書経験交流会（11.28 埼玉 川口市） ・『第9回全国交流集会記録』発行	・「子どもの本と出会いの会」発足（3.10） ・『ぱっちわーく』創刊 全国の学校図書館に人を！の夢と運動をつなぐ情報交流紙 ・京都家庭文庫・地域文庫連絡会発足20周年ビデオ作成 ・『10年のあゆみ』発行 石川子ども文庫連絡会 ・『すぎなみ文庫の15年'77～'92』発行 杉並区立中央図書館 ・『芽ぶき』3号発行 八王子子ども文庫連絡協議会20周年記念誌	・高校入試のための業者テストを文部省が禁止 ・学校図書館図書整備新5カ年計画実施（文部省・自治省） ・出版文化産業振興財団（JPIC）「読書アドバイザー」養成講座スタート ・小中学生の不登校7万人を越える（文部省） ・公立小中学校の7割にコンピュータ設置 ・「子どもと本の議員連盟」発足（12月） ・「セーラームーン」人気
1994 (平6)	・親子読書セミナー（2.20.27.3.6 埼玉 桶川市） ・第13期定期総会（5.29東京都女性情報センター）自由な交流の場「つづけるなかで見えてきたもの…それから」北本市文庫連・松戸市文庫連他 ・第3回ライフサイクルから図書館を考えるつどい（5.15東京・中央大学記念館）	・『みどり子ども図書館の7年』発行 私立みどり子ども図書館 ・『子どもと本 いま・これから』発行 子どもと本の出会いの会編 ・『びわの実学校』廃刊 ・「子どもの本研究所」発足（埼玉・所沢市） ・「子どもと本のかけ橋の会」創立（出雲市） ・点訳絵本の「ふれあい文庫」10周年	・政府「子どもの権利条約」批准 ・家庭科の男女共修はじまる ・子どもの読書離れ対策の協力者会議にマンガ家も登用 ・子どもの視力急低下（学校保健調査） ・いじめによる自殺急増 ・中野区教育委員会の準公選制度廃止 ・文部省が初読書調査、中高生の4割余が無読書 ・インターネット利用のモデル校募集（文部省・通産省） ・「学校図書館図書整備推進会議」発足（10.16）
1995 (平7)	・第13回親子読書経験交流会（3.26 世田谷区・砧図書館） ・第5回地域連絡会交流会「連絡会がやってきたこと、やりたいこと」（5.21エポック10） ・第10回全国交流集会「今、まもりたいもの育てたいもの伝えたいもの」（7.29.30水海道市）記念講演「地球時代を生きる子どもたちに」汐見稔幸 ・学校図書館セミナー「こんなにかわった学校図書館－学校図書館に人が置かれて」（全3回 11.18/12.9/96.1.20）参加者のべ153名 ・『第10回全国交流集会記録』発行	・『子どもの本の家－20年のあゆみ－』発行 岩崎京子 ・「小・中学校図書館に"人"を！関東のつどい」（1.22東京 北区、280名参加） ・『子どもと本とおばさんと－20周年記念誌』発行 泉手をつなぐ文庫の会 ・全国子ども文庫報告書『子どもに豊かな文化を求めて』日本図書館協会発行 ・日本児童図書評議会（JBBY）4月2日を『国際子どもの本の日』に ・国立の国際子ども図書館設立を促進する全国連絡会発足（5.30）	・学校5日制、第4土曜日が増加され、月2回実施 ・東京の国立教育会館が「いじめ問題対策情報センター」設置 ・文部省は全国154の小中学校に「スクールカウンセラー」を設置 ・厚生省は「いじめ問題に関する緊急会議」を開催 ・全国公立高校普通科で推薦入試が全体の4割に（文部省調査）

年表 親地連50年のあゆみ

年	親地連の動き	他団体など	子どもの文化・教育・社会の動き
1996 （平8）	・臨時総会（1.14下北沢らぷらす）『子どもと読書』岩崎発行の終刊により、今後のことについて ・月刊『子どもと読書』（岩崎書店発行）296号で終刊 ・『子どもと読書』親地連自主発行へ（隔月刊） ・第14期定期総会（5.19東京豊島区エポック10）記念講演「いま、私の思うこと」まついのりこ ・第5回ライフサイクルから図書館を考える集い（5.26東京中央大学記念館）	・『飛ぶ教室』『思想の科学』廃刊 ・三鷹親子読書会解散（有三文庫建替） ・柏・城陽・玉川学園の文庫連・親子読書会解散 ・吉村証子・科学よみもの賞15回をもって終了 ・「東京23区の図書館をもっとよくする会」発足 ・『続むかしむかし』発行 福岡おはなしの会 ・『本・こども・おとな・大子連20年の記録』大阪府子ども文庫連絡会発行 ・『本とともだち 本はともだち』（3歳までの絵本リスト）札幌地区子どもの本連絡会発行	・電子出版盛んに ・中学社会科の教科書に「自衛権」明記、「従軍慰安婦」記述（教科書検定） ・第15期中教審第1次答申、「生きる力」「ゆとり」の理念、教育内容の厳選、学校の完全5日制など ・教育課程審議会発足 ・各地で自殺予告事件 ・公立小中高校のコンピュータ設置は90.6%、活用できる教員は17%（文部省）
1997 （平9）	・第6回地域連絡会交流会「出前活動アンケートの報告、各地からの報告」（3.16東京 豊島区エポック10） ・第11回全国交流集会「やっぱり本っていいよね」（7.26.27埼玉嵐山ヌエック）記念講演「子どものおもしろい本」那須正幹 ・学校図書館セミナー「学校図書館法の改正と司書教諭について」 ・『第11回全国交流集会記録』発行 ・『やってみない!?』発行 ・『読みきかせおばさんの絵本かれんだあ』発行	・第2回「学校図書館に人を置こう！全国の運動を語り合うつどい'97―ますます元気に学校図書館―」（1.11.12 岡山 倉敷） ・『日本児童文学』自主発行へ ・「学校図書館を考える全国連絡会」結成第1回集会（4.13東京 池袋） ・『文庫のつどい―1996～1997 No12』名古屋子ども文庫連絡会発行 ・『横浜の文庫いまとこれから』横浜文庫研究会発行 ・『ちちんぷいぷい―20周年記念誌』伊那地域文庫連絡会発行 ・「赤ちゃん絵本」セミナー（10.5豊島区、11.9富士見市）	・文部省「教育改革プログラム」ボランティア活動も柱に ・学校図書館法改正案成立（6.11） ・文部省「'96年度問題行動白書」発表、校内暴力が1万件超す過去最多、登校拒否・不登校の小中学生10万5414人で過去最多、いじめ件数は減る ・「たまごっち」「もののけ姫」ヒット、「かいけつゾロリ」人気 ・人気テレビアニメ「ポケモン」で子どもたちがけいれんを起こすケースが全国で相次ぐ
1998 （平10）	・15期定期総会（5.17エポック10）記念対談（後藤竜二・長谷川知子）「1年1組シリーズをめぐって」 ・『学校図書館 請願・要望書等資料集』発行	・東久留米文庫連20周年 ・ねりま地域文庫読書サークル連絡会30周年 ・世田谷親子読書会30周年記念誌発行 ・『子どもの図書館1998年版』日本図書館協会発行 ・「朝の10分間読書」広がる ・JPIC「第4土曜日はこどもの本の日」キャンペーン ・ひらこう！学校図書館第2回集会、講演「教育としての学校図書館」塩見昇、実践報告下崎睦子、勝浦美代子（6.13豊島区雑司ケ谷）	・中教審中間報告「心の教育」提出、家庭のあり方まで踏み込む ・埼玉県所沢高校で卒業・入学式について校長と生徒会等が対立 ・千葉大で「飛び入学」制度導入 ・「厚生白書」少子社会を初めて特集、父親の子育て参加強調 ・文部省、小中学校学習指導要領案公表、「ゆとり」を柱に教科内容3割削減、小学3年生以上に「総合学習」の新設 ・学童保育が放課後児童健全育成事業として法制化

103

年	親地連の動き	他団体など	子どもの文化・教育・社会の動き
1999 （平11）	・第12回全国交流集会（7.25, 　26埼玉　嵐山ヌエック）「こ 　ころにまくたね21世紀」記 　念講演「21世紀へのメッセー 　ジ『なりたい自分』をもたせ 　たい」たつみや章 ・第7回地域連絡会交流会 　（7.24埼玉　嵐山ヌエック） ・第4回学校図書館のつどい― 　生きた学校図書館をめざして 　―」（10.17東京　池袋エポッ 　ク10）子どもの本研究会と 　の共催 ・『第12回全国交流集会記録』 　発行 ・『よかったよ、この本』発行	・ねりま地域文庫読書サークル 　連絡会編30周年記念企画『こ 　の本だいすき！2500『地域 　文庫その広がりと深まり―30 　周年記念誌（1969～1999）』 　発行 ・『文庫のおばさん』中西信子 　著　新風社刊 ・日販・書店読み聞かせ会「お 　はなしマラソン」スタート ・『もう一回よんで！―子ども 　たちにこう言われるととても 　うれしい―わたしたちの20年』 　『親子でたのしむ絵本100冊』 　千葉市文庫連絡会編発行 ・「新都立日比谷図書館を考え 　る会」発足（3.30） ・NPO法による高知こどもの 　図書館開館 ・ひらこう！学校図書館第3回 　集会、講演：長崎司、報告： 　酒川玲子（6.12日図協）	・厚生省、児童虐待の初の実態 　調査 ・中高一貫教育設備可能に ・国会、2000年を「子ども読 　書年」にすることを決定 ・子どものマンガ離れ進む ・パソコンゲームソフト、有害 　図書指定は合憲（最高裁判決） ・高校の中退率2.6％と過去最 　高（文部省調査）
2000 （平12）	・第16期定期総会（5.14エポッ 　ク10） ・30周年記念「子ども読書年交 　流会」話題提供：池井経子・ 　大塚佳苗・宮崎椁子 ・親地連30周年記念誌『子ど 　もと本をむすんで』発行 ・親地連30周年記念事業＆子 　ども読書年行事　①講演（上 　橋菜穂子）、②作ってあそぼ 　う（木村研）、③子どもが語 　る昔話（山の木文庫）、おはな 　しカメさん：川端英子、取手 　文庫連、横浜文庫の会（7.30, 　31東京　大崎ゲイトシティ） ・『子どもと本と学校図書館』 　発行　子どもの本研究会との 　共編 ・「第5回学校図書館のつどい 　―生きた学校図書館をめざし 　て―」講演「教育と学校図書 　館のつどい」竹内悊（10.1エ 　ポック10）子どもの本研究 　会との共催	・「アニマシオン」（ゲーム形式 　で物語を楽しむ手法）広がる ・ひらこう！学校図書館第4回 　集会、講演「教育の中で学校 　図書館の果たす役割」後藤暢 　（6.24東京　日図協）実践報告 　：細谷洋子、瀬川紀代美 ・横浜の図書館を考える集い 　『みんなに本をNo19』発行	・「子ども読書年」推進会議発 　足 ・学校選択制度広がる ・入試や定期テストの予想問題 　をインターネットで配信 ・教育改革国民会議動き出す、 　座長　江崎玲於奈 ・国立国際子ども図書館オープ 　ン（5.5上野） ・児童虐待防止法成立 ・「ぼかし言葉」10代半数が使 　用（文化庁国語調査） ・インターネットで生活が変わ 　る（利用率25％、睡眠、TV 　鑑賞減る） ・携帯電話でマンガ読める(iモー 　ドひろがる)

年表 親地連50年のあゆみ

年	親地連の動き	他団体など	子どもの文化・教育・社会の動き
2001 (平13)	・勉強会（2.26東京 豊島区エポック10）「韓国の児童読書文化の事情について」ピョン・キジャ＆きどのりこ ・「子どもの本から『世界』が見えるー児童書作家による国際シンポジウム」ジャミル・シェイクリー＆きどのりこ＆ピョン・キジャ＆野坂悦子＆内藤悦子（4.21池袋・東京芸術劇場会議室） ・第8回地域連絡会交流会（7.28埼玉 嵐山ヌエック）「ボランティアについて」話題提供「地域活動を通して」川端英子、「学校図書館にボランティアで入って」伊藤紀久子 ・第13回全国交流集会（7.29.30埼玉 嵐山ヌエック）記念講演「自作を語る」にしまきかやこ ・緊急学習会（9.3東京 池袋エポック10）「子どもの読書活動の推進に関する法律案について」松岡 要 ・第6回学校図書館のつどい（共催）（東京 梅ヶ丘パークホール）稲垣信子、実践報告：伊藤陽子＆若林真砂子 ・アピール「戦争やテロを世界からなくそう！－武力ではなく、話し合いで、子どもたちに安らぎと、平和な日々を！」（親地連世話人会一同） ・第41回久留島武彦文化賞の団体賞受賞 ・『第13回全国交流集会記録』発行	・日本子どもを守る会創立50周年 ・「ぱっちわーく」100号記念イベント パッチフォーラム「これからです学校図書館」 ・学校図書館ビデオ「本があって、人がいて」part 2 ・NPO「ブックスタート支援センター」設立 ・ひらこう！学校図書館第5回集会（6.12日図協）講演「21世紀の学校はこうなる」寺脇研、実践報告「子どもたちの豊かな学びと育ちを支える学校図書館ー1人ひとりの「知りたい」「学びたい」を大切にー」（横山由美惠） ・「子どもと本の出会いの会」解散	・子どもゆめ基金創設 ・少年法改正施行（厳罰化傾向、14才15才に刑事処分も） ・扶桑社版「新しい歴史教科書をつくる会」編の歴史・公民教科書が一部（都立養護学校等）で採択 ・児童虐待増える推計年3万件（厚労省調査） ・子どもの読書活動の推進に関する法律制定（12.9）その中で4月23日を「子ども読書の日」に制定 ・文科省「学校図書館資源共有型モデル地域事業」（43地域）、「生きる力を育む読書活動推進事業」（ともに3年間） ・ブックスタート、全国21市区町村で本格活動開始 ・ひきこもり相談年6000件（厚労省調査） ・文部省と科学技術庁が統合、文部科学省に

105

年	親地連の動き	他団体など	子どもの文化・教育・社会の動き
2002 （平14）	・読書会（4.30東京 池袋エポック10）『読書からはじまる』（長田弘著） ・第17回定期総会（5.25東京 豊島区勤労福祉会館）記念講演「ことばのちから本のちから」長田 弘 ・「子どもの読書活動の推進に関する基本的な計画（案）」に対するパブリックコメントを提出（7月世話人会） ・東京都日野市学校図書館職員問題について、日野市教育委員会指導室宛「おねがい書」を提出 ・第7回学校図書館のつどい（共催）「学校図書館からはじまる総合学習・調べ学習」（10.5東京 梅ヶ丘パークホール）講演「子どもと本をつなぐ―学校図書館の可能性」片岡則夫、実践報告：小寺美和＆川合裕子	・子どもの豊かな育ちと読書の喜びを 学校図書館・公共図書館の充実を求めるつどいin山口（11.17山口）講演：那須正幹 ・全日本語りネットワーク設立総会（東京・江東区） ・日中韓子ども童話交流2002（3ヵ国92人参加） ・ひらこう！学校図書館第6回集会（6.22日図協）講演「これからの教育と学校図書館」塩見 昇	・学習指導要領改訂、完全週5日制、総合学習はじまる、英会話活動を行う小学校急増 ・「子どもの読書活動の推進に関する基本的な計画」閣議決定（8月） ・国際子ども図書館開館（東京・上野） ・特定非営利法人ブックスタート支援センター設立 ・「子どもサミット」国連本部で開催 各国から500人以上の子ども参加 ・授業でコンピュータ使える教員は47.4％（文科省調査） ・愛媛県教委「つくる会」編の教科書採択、公立中で初 ・第2次学校図書館図書整備5ヶ年計画650億円
2003 （平15）	・「東京都子ども読書活動推進計画（案）」についてパブリックコメント提出（世話人会） ・第14回全国交流集会「子どもと本をつなぐ人」7.27,28嵐山ヌエック）記念講演「物語が生まれるとき」富安陽子 ・第9回地域連絡会交流会 ・第8回学校図書館のつどい（共催）（10.5梅ヶ丘パークホール）講演 蔵元和子、実践報告：亀井みゆき＆高桑弥須子 ・親地連ホームページ開設（12月） ・『第14回全国交流集会記録』発行 ・『読みきかせのためのブックリスト』発行	・子どもの本WAVE発足（太田大八提唱・12月） ・ひらこう！学校図書館第7回集会パネルディスカッション宇原郁世・田揚江里・伊藤紀久子・松岡要（6.28日図協）	・12学級以上の公立全中学校で司書教諭発令 ・文化人ら100人が「日の丸・君が代」の強制反対のアピール ・有事3法参院で成立 ・内閣府調査出会い系サイト利用の犯罪、前年の倍に ・東京都入学卒業式での日の丸君が代の実施を細部まで通達

年	親地連の動き	他団体など	子どもの文化・教育・社会の動き
2004 (平16)	・第18回定期総会（5.29豊島区立勤労福祉会館）記念講演「子どもたちの『いま』を考える―教育基本法『改正』や『心のノート』からみえてくるもの―」三宅晶子 ・第9回学校図書館のつどい（共催）（10.31梅ヶ丘パークホール）講演 高鷲忠美、実践報告：西條明子 ・『読み聞かせのための絵本カレンダー』発行	・第4回子どもに豊かな育ちと読書の喜びを―学校図書館・公共図書館の充実を求めるつどい（2.14東京エデュカス） ・ひらこう！学校図書館第8回集会（6.26日図協）「学校図書館をめぐる動き―『ぱっちわーく』創刊からこれまでを振り返る―」梅本恵、パネルディスカッション「学校図書館の充実をめざして」（小林路子／上里久美／他） ・図書館友の会全国連絡会発足 ・児童図書館研究会50年史『児童図書館のあゆみ』発行 ・「WAVE in東京―子どもの本が好きな人、みんなが手をつなぎ、大きな波を起こそう」（9.26オリンピック記念青少年総合センター）	・国公立大学、法人化 ・内閣府、初の『少子化白書』（2004年版） ・こども環境学会発足 ・改正児童虐待防止法施行
2005 (平17)	・地域連絡会交流会（関東近辺）「読書に関するボランティアの現状と課題・行政との関係など」話題提供：大橋道代（2.12豊島区・勤労福祉会館） ・第10回地域連絡会交流会「文庫のこと、読書ボランティアのこと」（7.23嵐山ヌエック） ・第15回全国交流集会「ひろげよう本との出合い、人との出会い」記念講演「今、子どもたちに伝えたいこと」あさのあつこ（7.24,25嵐山ヌエック） ・第10回学校図書館のつどい（共催）「逗子市の読書推進について」教育長 野村昇司、実践報告：笠嶋庸子（9.19日図協） ・研修会「読み聞かせ団体などによる著作物の利用について―お話会でも作者の許可がいるの？」講師：植村和久（ひさかたチャイルド社）栃木子どもの本研究会との共催（宇都宮・東図書館） ・拡大世話人会「これからの親地連パートⅡ」（11.28秋葉原・和泉橋区民館） ・『第15回全国交流集会記録』発行	・第5回子どもに豊かな育ちと読書の喜びを、学校図書館・公共図書館の充実を求めるつどいin静岡（1.16） ・ひらこう！学校図書館第9回集会 講演「教育を問い直す～学ぶとはどういうことか～」堀尾輝久、実践報告：小林洋子（6.25東京全教会館エデュカス）	・「文字・活字文化振興法」制定 ・文科省、不登校対策でフリースクール等を正規の学校に位置づける方針 ・文科省白書、学力低下とゆとり教育見直しの問題に言及 ・文科省調査、13万棟の公立学校校舎のうち耐震性確認は51.8%のみ ・国際学習到達度調査（PISA）の結果、順位後退、数学、論述弱い日本 ・全校一斉「朝の読書」小学校8割、中学校7割（文科省調べ） ・栄養教諭導入

年	親地連の動き	他団体など	子どもの文化・教育・社会の動き
2006 （平18）	・学習会「読書ボランティアについて」講師：後藤暢（1.23秋葉原・和泉橋区民館） ・『子どもと読書』誌代変更（5.6月号より1冊550円、年間購読料4000円に） ・第19回定期総会記念講演「旅で出会った子どもたち」浜田桂子＆小林豊（5.27豊島区・勤労福祉会館） ・第11回学校図書館のつどい（共催）「子どもたちの学びと読書活動を保障する学校図書館」塩見昇、実践報告：岡田貴子・諸山朝子（9.16水道橋貸会議室） ・『いきいき読書ボランティアガイドブック』発行	・子どもに豊かな育ちと読書の喜びを一学校図書館・公共図書館の充実を求めるつどいin神奈川、基調講演：後藤暢（1.21戸塚・男女共同参画センター） ・『子どもBUNKOプロジェクト報告書』髙橋樹一郎著・伊藤忠記念財団発行 ・図書館司書が編集・執筆、ガイドブック「キラキラ読書クラブ」発刊 ・絵本の著作権めぐり作家・出版団体が「読み聞かせ」に注文つけ、手引書作成 ・ひらこう！学校図書館第10回集会 講演「教育基本法と学校図書館」山口源治郎、実践報告：山本さゆり、小穴とみ（6.5日図協）	・教育基本法改正公布・施行（国家中心・愛国心強制の教育） ・全国の公立小学校、93％で英語教育（文科省調査） ・NTTドコモ、子どもの安全を守るキッズケータイ発売、1ヵ月で8万台売れる ・出生数6年ぶり増 ・小中一貫教育スタート ・給食費滞納18億円（困窮家庭増、「拒否」も） ・「早寝早起き朝ごはん」全国協議会発足（文科省の肝入りで）
2007 （平19）	・第16回全国交流集会「これからの子ども・本・人出会いづくり」（9.29.30オリンピックセンター）記念対談「これからの子ども・本・人出会いづくり」松岡享子＆広瀬恒子 ・第12回学校図書館のつどい（共催）（12.8水道橋貸会議室）講演「子どもを育む読書、知の創造へ」秋田喜代美、実践報告：中村伸子（袖ヶ浦市） ・『やってみようブックトーク』発行	・子どもに豊かな育ちと読書の喜びを、学校図書館・公共図書館の充実を求めるつどいin長野（2.3長野） 講演「子どもたちへのメッセージ」窪島誠一郎 ・ひらこう！学校図書館第11回集会講演「市民参加が図書館を育てる」後藤暢、実践報告 山本文子・遊佐幸枝（6.9日図協）	・43年ぶり全国学力調査（小6、中3）実施、改正教育三法案成立 ・小学校集団下校8割 ・沖縄で「教科書検定意見撤回を求める県民大会」が大規模に開かれる、その後「軍の関与」記述の復活 ・厚労省、赤ちゃんポスト容認へ、改定児童虐待防止法成立 ・ケータイ小説がベストセラーの半数に（トーハン） ・「朝の読書」2万4千校に拡大、家読にも反響 ・文字・活字文化推進機構スタート

年	親地連の動き	他団体など	子どもの文化・教育・社会の動き
2008 (平20)	・ミニセミナー「子どもの本の出版状況－出版社の立場から」佐倉清一（童心社社長）（1.28雑司ヶ谷地域文化創造館） ・ミニセミナー「やってみようブックトーク＆紙芝居」奥山ゆかり、江森隆子（2.23池袋勤労福祉会館） ・第11回地域連絡会交流会「子どもの読書に関わるボランティアの現状と課題－行政との関係など」川崎市・伊藤千代子＆関日奈子（2.23） ・第20期定期総会 記念講演 宮川ひろ「出あいに育てられて」（5.31東京・エポック10） ・第13回学校図書館のつどい（共催）講演「図書が支える考える学力－フィンランドの教育から」福田誠治、実践報告：山田夕・草茅祐子（三島市）（12.6代々木・オリンピックセンター） ・『対談集 これからの子ども・本・出会いづくり』発行 ・『第16回全国交流集会記録』発行	・「かつら文庫の50年」記念の集い（3.5） ・「子どもの本・九条の会」設立のつどい「戦争なんか大きらい！」（4.20東京都児童会館）対談 那須正幹・田島征三 ・石井桃子さんに感謝する会（10.12東京子ども図書館） ・「学校司書」を置く小中学校増、小学校53％ 中学校54％（全国SLA調査） ・ひらこう！学校図書館第12回集会 講演「学校図書館法改定から10年－学校図書館のいま、そしてこれから」塩見 昇、実践報告 東翔子・渡辺千津子（6.21日図協）	・文科省 新しい学習指導要領発表（総合の時間削減・小学校での英語必修化・授業時間の増加など） ・衆参両院全会一致で「国民読書年に関する決議」採択、2010年を国民読書年とする ・少年法改正成立（少年院送致12歳以上に引き下げ、被害者の審判傍聴容認） ・文科省、学校裏サイト調査（ネットいじめなど） ・改正児童福祉法成立 自宅で乳幼児を預かる「保育ママ」の法制化など ・「全国子ども相談室」45年目のリニューアル、IT普及によりコミュニケーション重視へ ・教科書の改革案、脱ゆとり（文科省）
2009 (平21)	・第12回地域連絡会交流会（2.28豊島区あるすぽっと）「いま地域で取り組んでいること、これからの出会いづくり」報告、立川地域文庫連絡会／京都家庭文庫地域文庫連絡会 ・セミナー（6.6江戸川区タワーホール船堀）「読書の喜びをどの子にも－高学年を中心に」岩辺泰吏 ・学習会「韓国を知ろう」朴鍾振（8.24オリンピックセンター） ・第17回全国交流集会「ひとりひとりの力をよせあって」（10.3.4オリンピックセンター）記念講演「誰もが夢みる権利を行使する社会のために－ヌティナム図書館からの報告」朴英淑、「子どもたちとこの幸せを－やめられない絵本よみ」長谷川摂子 ・「読書推進運動協議会50周年記念特別賞」受賞（11月） ・第14回学校図書館のつどい（共催）（11.14東京・専修大学神田校舎）講演「子どもの願いをかなえる"情報リテラシー"学校図書館で育つ子どもの力」鎌田和宏、対談「学校図書館の歩みとこれから」高桑弥須子＆広瀬恒子 ・『読みきかせ絵本260 高学年向（2003～2009）』発行	・第9回子どもに豊かな育ちと読書の喜びを、学校図書館・公共図書館の充実を求めるつどいin横浜（1.24フォーラム南太田）講演 広瀬恒子 ・「子どもの本・九条の会」1周年のつどい「平和の音をもっと大きく！」（4.25東京都児童会館）講演・太田大八「絵描きの見たヒロシマ」 ・ひらこう！学校図書館第13回集会 講演「子どもと本の世界を結ぶ人」竹内悊、実践報告：加藤容子（6.20日図協） ・図書館友の会全国連絡会による院内集会「図書館の振興発展をめざす懇談会」開催（11月）	・子どもの読書サポーターズ会議「これからの学校図書館の活用の在り方等について」報告 ・自民党、民主党に政権を譲り渡す ・文科省「全国体力テスト」の結果公表 運動離れ目立つ結果 ・厚労省調査、認可保育所の待機児童2万5千人 ・文科省、小中学校は携帯電話の持ち込み禁止、高校は校内の使用禁止の方針 ・新型インフルエンザ大流行死者100人、うち18歳以下3割

年	親地連の動き	他団体など	子どもの文化・教育・社会の動き
2010 (平22)	・第21期総会（6.12豊島区勤労福祉会館） ・40周年記念公演「なめとこ山の熊」薩摩琵琶弾き語り 林洋子（クランボンの会） ・第15回学校図書館のつどい（共催）講演「すべての子どもを支える学校図書館」野口武悟、実践報告「狛江市緑野小学校の実践」田揚江里（司書教諭）、松原礼子（学校司書）（10.2東京・専修大学神田校舎） ・『第17回全国交流集会記録一ひとりひとりの力をよせあって』発行	・第10回子どもに豊かな育ちと読書の喜びを、学校図書館・公共図書館の充実を求めるつどいin京都 ・「子どもの本・九条の会」2周年のつどい（5.1オリンピックセンター）講演「ミイラ憲法の作り方教えます」アーサー・ビナード ・ひらこう！学校図書館第14回集会 講演「地方分権と図書館一問われる自治体の力量」片山善博、実践報告「杉並区学校司書配置運動の成果と課題」岸洋子、鳥生千恵，千田てるみ（6.5日図協）	・「子ども手当法」成立、新・公立義務教育諸学校教職員定数改善計画、40人学級見直し ・赤ちゃんポスト運用から2年半で51人、予測を大きく上回る ・公立の子ども図書館続々開館 ・課外授業「命の教室」広がる ・子ども向け学習誌休刊へ（「小学5年生」「6年生」） ・国民投票法施行（3年前強行採決） ・マンガ「ONE PIECE」最新63巻初版発行部数390万部記録塗り替え
2011 (平23)	・第13回地域連絡会交流会「地域の課題一子どもと本と出会いづくりを通して」（3.5オリンピックセンター）話題提供 千葉市文庫連 十倉典子・坂上美恵子 ・40周年記念のつどい 対談あまんきみこ＆広瀬恒子（3.5オリンピックセンター） ・第18回全国交流集会「子ども・本・人をつないで」（9.24,25オリンピックセンター）記念講演「親と子の夜一いっしょに不安と向き合うために」アーサー・ビナード＆木坂涼、講演・実践「人に育てられて人になる一幼児教育に携わって50年」藤田浩子 ・第16回学校図書館のつどい（共催）講演「子ども・若者の現状と課題」本田由紀、実践報告「学校図書館でただ今奮闘中」原田百合枝、岸洋子（10.22専修大学） ・『子どもの読書一子どもの未来を考える』沖縄子どもの本研究会との共同発行 ・『けやきの木陰につどう一韓国・ヌティナム図書館からの報告』発行	・第11回子どもに豊かな育ちと読書の喜びを、学校図書館・公共図書館の充実を求めるつどいin岡山（1.10岡山） ・「子どもの本・九条の会」3周年のつどい（5.28オリンピックセンター）講演「あの戦争の時、私は子どもだった」まついのりこ ・ひらこう！学校図書館第15回集会 講演「いま、学校図書館がなすべきこと」笠原良郎、報告「15年を歩みつづけて」広瀬恒子（6.25日図協）	・東日本大震災勃発、福島原子力発電所事故による大規模放射能汚染広がる（3.11）福島原発、原子力緊急事態宣言発令 最悪レベル7 ・震災遺児1698人、小学生以下43パーセント、転園・転校200万人超、福島市全児童生徒に線量計、福島6市町村独自に校庭汚染土217ヵ所除去 ・子どもたちに絵本をプロジェクト、末盛千枝子さんの呼びかけに多くの反応 ・日中韓で「平和絵本」3国の絵本作家が国を超えた理解と交流を、と共同出版 ・新学習指導要領による小学校教科書使用開始 ・「タイガーマスク」主人公伊達直人名で児童養護施設にランドセルなどのプレゼント相次ぐ

年	親地連の動き	他団体など	子どもの文化・教育・社会の動き
2012 (平24)	・親地連ホームページをリニューアル ・学習会「地震・津波・原発 子どもからのメッセージ」（3.10オリンピックセンター）講師：市田真理・金谷邦彦 ・第22期定期総会（6.23池袋・勤労福祉会館）記念講演「多様な子ども時代へのまなざしースペイン語圏の子どもの本から」宇野和美 ・『第18回全国交流集会記録 子ども・本・人をつないで』発行 ・40周年記念誌『読書の喜びを子どもたちに一親地連の40年』発行（6.20） ・第17回学校図書館のつどい（10.13専修大学）講演「なぜ『メディアリテラシー論者』は無力だった/なのか一原発災害報道をめぐるメディアと専門家の発言」影浦峡報告：村上太郎（親地連・本研共催） ・アピール「すべての学校図書館に『専任・専門・正規』の学校司書を」	・第12回子どもに豊かな育ちと読書の喜びを-学校図書館・公共図書館の充実を求めるつどいin東京（1.9） ・私設ゆりがおか図書館閉館（3.31） ・ひらこう！学校図書館 第16回集会 講演「図書館の自由と学校図書館」山口真也、実践報告：志村由紀子（6.16日図協） ・紙芝居、子どもとつながれ（4.7）講演「作家が語る真実にせまる絵の力」渡辺享子（主催：紙芝居文化推進協議会） ・2012栃木子どもの本連絡会連続講座（6.17〜4回）「子どもに読書のよろこびを一ドイツの子どもの本」 ・「子どもの本・九条の会」4周年のつどい（6.30オリンピックセンター）講演「憲法は私たちが生きる原動力一原発問題に触発されて」奥平康弘 ・第35回北海道子どもの本のつどい（8.4）講演「アフガニスタンから東北の被災地に」長倉洋海 ・第16回学校図書館を考えるつどい・香川（9.1）講演「学びを支え、心をはぐくむ、しまねの学校図書館」槇川亨 ・「子どもの本、もっと」広瀬恒子講演会（10.26）（主催：八王子に学校図書館を育てる会） ・この本だいすきの会創立30周年記念誌『更なる深まりと広がりを』発行 ・北本市・ともだち文庫30年記念文集発行 ・『未来をひらく学校図書館』一杉並区学校図書館司書・全校配置記念一杉並文庫・サークル連絡会他発行	・乳幼児放射能基準50ベクレル、厚生省改革案 ・東日本大震災、被災3県、4万3千人県外流出 ・日本の原子力発電所がすべて稼働停止。1970年以来42年ぶり ・文科省報告。09年度までの12年間で、授業中や部活中の死亡事故470件 ・大津市のいじめ自殺問題で、滋賀県警が学校と教育委員会事務局に強制捜査 ・社会保障制度改革推進法が成立 ・子ども・子育て関連3法が成立 ・オウム真理教事件の最後の手配犯が逮捕され、全捜査が完全に終了

年	親地連の動き	他団体など	子どもの文化・教育・社会の動き
2013 (平25)	・おやちれんセミナー（3.30池袋芸術劇場）「どんなおはなし選ぼうか、こんなプログラムでは？」佐藤涼子 ・第14回地域連絡会交流会「子どもと本と人との豊かな出会いづくり」（3.30池袋芸術劇場）話題提供「ネットワークを広げて子どもたちに豊かな本とおはなしの楽しさを」牧野桂子 ・『おやちれんがすすめる よみきかせ絵本250（低学年向）』発行 ・第19回全国交流集会「一人ひとりの読書をたいせつにする社会を」（10.12.13オリンピックセンター） 記念講演 「物語の力」朽木祥、講演「子どもとものがたりのいい関係」杉山 亮 ・第18回学校図書館のつどい（12.15専修大学）講演「電子書籍と図書館の未来」植村八潮　実践報告：横山寿美代（親地連・本研共催）	・第13回子どもに豊かな育ちと読書の喜びを学校図書館・公共図書館の充実を求めるつどいin埼玉（1.14さいたま共済会館） ・『とべ！仲間たち祖師谷親子読書会40年記念誌』発行 ・『40ねん』みやぎ親子読書をすすめる会発行 ・創刊20周年記念『ぱっちわーく』のつどい（3.2）学校図書館づくり運動の"いま"を考える ・「子どもの本・九条の 会」5周年のつどい（5.18オリンピックセンター）「守ろう！子ども・九条・いのち」トークセッション10代と語ろう！ ・2013栃木子どもの本連続講座（6.8〜4回）子どもに読書のよろこびを－ロシアの子どもの本 ・ひらこう！学校図書館第17回集会（6.22）講演「学校図書館の教育思想－図書館の自由から考える」中村百合子 ・『なかま』仙台市まつお文庫35周年記念文集発行（7月） ・石川子ども文庫連絡会30周年記念事業講演会（7.8）講演「絵本を読みとく－コールデコット賞受賞作家の作品を中心に」吉田新一 ・北海道子どもの本のつどい小樽大会（8.3〜4） 講演 「こころのふしぎをのぞいてみよう」富安陽子 ・掛川市子どもの読書活動を考える会10周年記念講演会（11.30） 講演「子どもの読書いまこれから」広瀬恒子 ・『耕 実践記録集40周年の歩み』山梨子どもの本研究会発行 ・『ほほえみ－郡山・子どもの本をひろめる会創立40周年記念誌』郡山・子どもの本をひろめる会発行	・国会図書館、蔵書を配信。文化庁呼びかけ配信実験2月から。同館の電子書籍化初 ・「共通番号制度法」が成立した。（5.24） ・ストーカー規制法が改正。メールも規制の対象に ・セシウム濃度90倍。福島第一原発観測井戸、3日間で急上昇 ・マララ・ユスフザイさんが国連本部で、すべての子に教育を受ける権利の実現を訴え ・松江市教委『はだしのゲン』自由閲覧禁止。問題化して「手続きの不備」と撤回。 ・「子どもの貧困対策法」が成立。（6.19） ・甲状腺がん、疑い含め59人。原発事故発生時18歳以下だった福島の子ども。県は「被曝の影響ない」 ・「特定秘密保護法」が成立。「知る権利」危機（12.6）

年	親地連の動き	他団体など	子どもの文化・教育・社会の動き
2014 （平26）	・「特定秘密保護法」に反対するアピール（3月） ・『第19回全国交流集会記録「一人ひとりの読書をたいせつにする社会を』発行（4月） ・第23期総会・記念講演会「読みあいの力でつながる」村中李衣（5.31豊島区勤労福祉会館ホール） ・第19回学校図書館のつどい講演：高鷲忠美（11.15専修大学）	・第14回子どもに豊かな育ちと読書の喜びを学校図書館・公共図書館の充実を求めるつどいin東京（1.13エデュカス東京）「憲法と教育」金平茂紀 ・児童図書館研究会60周年記念全国大会（2.9〜10）記念講演「こども・いのち・ことば」松岡享子 ・石川子ども文庫連絡会『30年のあゆみ一すべての子どもに読書のよろこびを一』発行 ・『黄金色の時間の中で』小金井市子ども文庫サークル連絡会発行 ・「子どもの本・九条の会」6周年のつどい（6.7オリンピックセンター）講演「憲法のいきづく国へ！」伊藤真 ・ひらこう！学校図書館第18回集会（6.21日本図書館協会）記念講演：平久江裕司 ・『アンダンテ2』京都家庭文庫地域文庫連絡会発足40周年記念誌発行	・東京都内の公立図書館で「アンネの日記」や関連書籍220冊以上がページを破られる被害に。開架やめた図書館も。 ・上橋菜穂子さん国際アンデルセン賞受賞。作家賞20年ぶり。 ・消費増税開始5％から8％へ。 ・「改正国民投票法」成立。憲法改正を問う国民投票の選挙権は、施行から4年後に18歳以上に変更。 ・海外で武力行使をする集団的自衛権の行使を認める閣議決定。 ・「ヘイトスピーチは差別」確定。京都の朝鮮学校周辺におけるヘイトスピーチをめぐる訴訟で、大阪高裁は1審に続いて「在日特権を許さない市民の会」側に賠償を命じた。 ・青色発光ダイオード（LED）の3氏（赤崎勇・天野浩・中村修二氏）がノーベル物理学賞受賞。 ・パキスタンで女子教育解放活動を行っているマララ・ユスフザイさんが最年少でノーベル平和賞受賞。インド活動家のサティヤルティさんも受賞。
2015 （平27）	・親地連セミナー「高学年への様々な読書活動一どう広げ深めるか」佐藤涼子（5.23武蔵野プレイス） ・『親地連がすすめる読みきかせ絵本250一高学年向一』発行 ・第15回地域連絡会交流会「地域での子どもと本をつなぐ活動をどう広げていくか」話題提供者　京都家庭文庫地域文庫連絡会・ねりま地域文庫読書サークル連絡会（10.2オリンピックセンター） ・第20回全国交流集会「平和あってこそ子どもの本」（10.3〜4オリンピックセンター）記念講演「地球はどうぶつでいっぱい」あべ弘士／「アンネ・フランクからの伝言一僕たちは戦争をどう伝えていくのか」那須田淳 ・『第20回全国交流集会記録・平和あってこそ子どもの本』発行（12月）	・第15回子どもに豊かな育ちと読書の喜びを学校図書館・公共図書館の充実を求めるつどいin東京（1.12エデュカス東京） ・ひらこう！学校図書館第19回集会「『教育改革』の中の学校図書館」山口源治郎（6.6日本図書館協会） ・「子どもの本・九条の会」7周年のつどい（5.23東京芸術劇場）講演「いま、平和を。子どもたちが夢を持てる未来へ」岩崎京子、早乙女勝元、内田麟太郎、那須田淳 ・第20回学校図書館のつどい「本が読者に届くまで」藤坂康司（11.28専修大学）（本研主催）	・小中学校の「道徳」が2018年度に教科へ格上げされるのに向け、文科省が学習指導要領の改定案をまとめ、発表。 ・改正公職選挙法が成立。選挙年齢を18歳以上に引き下げ。（6.17） ・改正学校教育法成立。（6.17） ・「死ぬほどつらい子図書館へ」鎌倉の司書のつぶやき半日で3万リツイート。 ・安全保障関連法が参院本会議で強行採決され成立 ・OECD公表　子どもの貧困ランキング日本は11番目 ・特定秘密保護法が完全施行（12.1）

年	親地連の動き	他団体など	子どもの文化・教育・社会の動き
2016 （平28）	・「フォーラム・子どもたちの未来のために」安保法制への抗議アピール（親地連・絵本学会他8団体） ・第24期総会＆記念講演会「自作を語る」いとうみく（6.4下北沢タウンホール）	・「子どもの本・九条の会」8周年のつどい（5.6東京芸術劇場）講演「子どもは希望子どもは未来」田畑精一 ・ひらこう！学校図書館第20回集会　講演「学校教育はいま―試される市民の良識と力」藤田英典、問題提起「図書館の外部委託の問題について」松岡要（7.9日本図書館協会） ・第20回学校図書館のつどい香川「学校　図書館づくりの今日的課題」塩見昇（9.3） ・印西市子どもの文化連絡会・講演会「希望の牧場・ふくしま―牛飼いの思い」吉沢正巳（10.30） ・学校図書館・虹の会・所沢「とことん子どもの本―知る・選ぶ・伝えるには？」（11.5）講師　土居安子	・「保育園落ちた日本死ね!!!」と題した匿名ブログをきっかけに集まった署名を厚労省に提出 ・安全保障関連法施行 ・熊本県でマグニチュード6.5の地震発生。熊本県益城町で震度7を観測 ・ポケモンGOが日本で発信 ・神奈川県の障害者施設「津久井やまゆり園」で殺人事件。犯人は元職員。死者19人も ・福島から避難でいじめ。不登校になった横浜の中1生徒が手記公表
2017 （平29）	・第16回地域連絡会交流会「読書ボランティア活動をたかめるために」（10.13オリンピックセンター）話題提供者「『岡崎読み聞かせボランティアがつなぐ子ども・本・心』の編集に関わって」延川智子 ・第21回全国交流集会「今こそことばを力に！」（10.14.15オリンピックセンター）記念講演「誰でもかつては子どもであり、誰でもいつかは高齢者に」落合恵子、講演会「進展する軍学共同と子どもの未来」池内了	・『ぱっちわーく』終刊（3月）学校図書館と市民をつなぐ交流誌全国から惜しむ声相次ぐ ・ひらこう！学校図書館第21回集会「学校図書館づくりの当面の課題」塩見昇、実践報告：三村敦美（7.8日本図書館協会） ・「子どもの本・九条の会」9周年のつどい（6.10.11東京芸術劇場）講演「沖縄でいま起こっていること」島洋子、「私と憲法」那須正幹・武田美穂 ・北海道子どもの本のつどい網走大会「生きる力を育くむ」（8.19.20）講演・対談：森越智子・堀川真 ・第47回野間読書推進賞を親地連会員が受賞　団体：とりで・子どもの本の会／個人：川端英子（宮城県）、浅川玲子（山梨県）	・新しい学習指導要領が告示。「義務教育標準法」が改正 ・学校法人森友学園と加計学園についての安倍首相への忖度が大問題に ・マララさん、国連平和大使に ・藤井四段29連勝。中学生棋士、30年ぶり新記録 ・「共謀罪」の趣旨を盛り込んだ改正組織犯罪処罰法が施行。 ・漫画版『君たちはどう生きるか』大ヒット ・沖縄県宜野湾市の小学校の校庭に米軍ヘリの窓が落下（12.13）

年	親地連の動き	他団体など	子どもの文化・教育・社会の動き
2018 (平30)	・『第21回全国交流集会記録-今こそことばを力に！』発行（2月） ・親地連セミナー「赤ちゃんと絵本をたのしむ」金澤和子（4.7武蔵野プレイス） ・第25期総会＆記念講演「子どもの本づくり」小宮 由（6.2IKEBiz池袋）	・第17回子どもに豊かな育ちと読書の喜びを 学校図書館・公共図書館の充実を求めるつどい（1.8エデュカス東京） ・『本・こども・おとな―大子連40周年記録誌』発行（6月） ・「子どもの本・九条の会」10周年のつどい（9.8オリンピックセンター）講演「昔ばなしが語る子どもの姿」小澤俊夫 ・ひらこう！学校図書館22回集会 記念講演「これからの日本これからの教育」前川喜平（7.14日本図書館協会） ・『世田谷親子読書会50周年記念誌』発行（11月） ・『子ども文庫の100年－子どもと本をつなぐ人びと』髙橋樹一郎著刊行（11月 みすず書房）	・かこ・さとしさん死去 ・ゲーム依存症、困難な治療。ＷＨＯ「病気」と認定、未成年は深刻。早急な対策必要 ・成人年齢を現行の20才から18才に引き下げる改正民法が可決成立。2022年4月1日に施行 ・「赤い鳥」創刊から100周年 ・角野栄子さん、国際アンデルセン賞受賞 ・部活動指導員9000人に。働き方改革を進めるため、教職員定数1456人増
2019 (平31/ 令和元年)	・親地連セミナー「子どもの本この一年」広瀬恒子（3.30武蔵野プレイス） ・『はじめてのはたらくくるま』（講談社ビーシー刊）について、講談社ビーシー、講談社へ申し入れ ・第22回全国交流集会「つながろうつなげようことば」（10.5～6オリンピックセンター）記念講演＆歌劇「クロコダイルの恋」「生き物たちの声が聞こえる～私たちはどうして生まれてきたの？」ドリアン助川、講演会 「子どもと本をつなぐ人々の流れのなかで」髙橋樹一郎 ・50周年記念誌『子どもと本の50年』発行 ・おやちれんブックレット『子どもの本 この一年』発行	・第18回子どもに豊かな育ちと読書の喜びを学校図書館・公共図書館の充実を求めるつどい（1.14エデュカス東京）「子どもの育ちを保障する教育行政と学校図書館・公共図書館」前川喜平 ・市民グループ「子どもと本」20周年記念おはなしフェスティバル2019「2018年の子どもの本と紙芝居」をふりかえって 講師 広瀬恒子・江森隆子（3.26） ・ひらこう！学校図書館第23回集会「生涯学習社会における図書館の運営について―公立図書館・学校図書館における今日的な課題―」座間直壯（7.6日本図書館協会） ・ねりま地域文庫読書サークル連絡会50周年記念講演会「子どもの本にできること」さくまゆみこ（7.8） ・子どもの本・九条の会11周年記念「戦争と平和を考える子どもの本展」・トークイベント（8.17～18）	・「読書バリアフリー法」推進点字・録音図書の拡大。超党派で法案提出へ ・「視覚障害者等の読書環境の整備の推進に関する法律」成立 ・ファミマ2000店で「こども食堂」3月から全国で。住民のコミュニケーションの場にも ・教育機会確保法施行2年。フリースクールに教員派遣など、連携強化 ・日本語支援なし1万人。日本の公立学校に通う外国籍児が支援受けられず。背景に加配教員不足も

115

編 集 後 記

息子と娘を連れて仲間と共に参加した全国交流集会の暑い、暑い日を懐かしく思い出しながら編集会議に参加させていただきました。50年という年月にはたくさんの思いや歴史が詰まっていることを強く感じました。感謝！

（神下）

みんなとワイワイ話しながらの編集会議は毎回楽しく、勉強になった。50年分の年表を目がショボショボするくらい何度も読み返して思った。これからの年表もみんなと増やしていきたいと。まだまだ未熟ですが、がんばります。

（栗山）

資料を捜していたら、『子どもと読書』1983年10月号が出てきた。月刊 『親子読書』の誌名が変わった号だ。読み返した。すべての子どもに読書のよろこびを！の願いが続いていることを実感した。

（小泉）

『子どもと読書』自主発行の年から世話人をしている。いろいろなことを学び、教わってきた。平和であってこそ、と教育、社会に目を向け、子どもたちの明るい未来を願った。でもよい方向に向かっているのだろうか？展望が見えない。

（篠沢）

親地連のこれまでの50年、これからの50年を考えました。すると突然、『ぞうのさんすう』（ヘルメ・ハイネさく、いとうひろし訳、あすなろ書房）を思い出しました。子どもたちと首をかしげて考えた絵本でした。

（原）

親地連の歩んできた「50年」を具体的にどうまとめたらよいのか？一筋縄ではいかない難問でした。なぜ「自分」と「本」ではなく、「子ども」と「本」であったのか、その一端があらわされていればと念じます。

（広瀬）

50周年記念誌を作ろうという話になってから、疾風怒濤？のごとくの編集作業であった。が、私にとっては、様々な方々の原稿からおやちれんの50年を知ることのできる至福の時でもあった。ありがとうございました。

（水越）

本書編集のため、バックナンバーを並べて、下版が迫っているこのひとときですが、楽しんでしまいました。その時々の問題が、若いエネルギーにあふれて生き生きと立ち上がってきます。思いがけない記念誌効果でした。

（三木）